Aunque se ha hecho todo lo posible en la preparación de esta publicación, los editores no se hacen responsables de los errores u omisiones, ni de los daños resultantes del uso de la información contenida en esta publicación.

Primera edición.

Índice

Cambio de mentalidad.

Rara vez conozco a un niño que quiera ser vendedor. Políticos, abogados, médicos, deportistas, artistas y muchas otras profesiones tienen algo en común: sin la capacidad de influir, persuadir y negociar, las posibilidades de éxito son extremadamente bajas.

Aunque se tenga talento y capacidad, no basta para triunfar. La razón es que no sabían vender.

Vendedor o profesional de las ventas

Entrar en el mundo de las ventas casi siempre ocurre por casualidad. Puede que estés empezando en el mundo de los negocios, que haya una necesidad empresarial urgente o que alguien te haya puesto en ese puesto. El hecho es que todos somos vendedores y, en todos los ámbitos de la vida, las habilidades de venta son una herramienta útil para salir adelante y desarrollar todo su potencial. Si echamos la vista atrás y observamos a los que han alcanzado un gran éxito, nos daremos cuenta de que la mayoría de ellos han conseguido, amplificado y acelerado sus logros gracias a sus habilidades de venta.

Ventas" no es una palabra sucia. Para ilustrar mi punto de vista, permítanme presentarles a algunos de los mejores profesionales de ventas del planeta.

- Steve Jobs.
- Martha Stewart.
- Leonardo DiCaprio.
- Martin Luther King Jr.

- Nelson Mandela.
- Sir Alex Ferguson.
- LeBron James.
- Richard Branson.
- Oprah Winfrey.
- J.K. Rowling.

Probablemente haya una gran diferencia entre su imagen inicial de vendedor y la de estos profesionales de la decoración.

En mis seminarios, suelo pedir a los asistentes que nombren adjetivos que describan a los vendedores estereotipados. Invariablemente, obtengo las siguientes respuestas.

- a la fuerza
- codicia
- tramposo
- malestar
- fácil de tratar
- fibra
- Historia molesta.

¿Cómo se sentiría si alguien le describiera en esos términos? Imagino que no estaría muy contenta. También me imagino que una de las razones por las que cogiste este libro es porque tienes miedo de que te perciban así.

En el seminario, se pide al mismo público que nombre adjetivos que describan a los vendedores "profesionales" en lugar de a los vendedores "estereotipados". A continuación, se alinean los adjetivos de forma realmente contrastada.

- buen oyente
- Problema. Solución
- empatía
- genuino
- Con conocimientos.
- ser útil
- persona responsable de ...

Este experimento siempre me ha parecido muy interesante. Está claro que el miedo a ser vendedor es el miedo a ser percibido como poseedor de este primer atributo. El mundo actual es muy diferente, con la transparencia creada por el poder de las opiniones, internet y la voz del consumidor en las redes sociales, lo que limita las posibilidades de éxito de los vendedores.

Elegir ser profesional significa que te enfrentas a dos opciones para captar nuevos clientes. Una es la vía "reactiva", en la que esperas las consultas y les respondes en cuanto se interesan, y la otra es la vía "proactiva", en la que actúas con iniciativa.

Existen muchas estrategias para aumentar las consultas entrantes, pero lo más importante es mantener el control de la situación y disponer de un plan sólido para acercarse de forma proactiva a más clientes potenciales. Mantener el control es crucial para tener éxito en las ventas. Si crea procesos para controlar el número de clientes, podrá dirigir su empresa con más tranquilidad. Si simplemente confía en un enfoque reactivo, su éxito o fracaso será muy variable, y los factores externos desempeñarán un papel importantc tanto en el éxito como en el fracaso.

Elección del enfoque.

La principal diferencia entre marketing y ventas es que los profesionales del marketing se esfuerzan por captar nuevos clientes, mientras que los profesionales de las ventas se toman el tiempo necesario para seleccionar a los clientes. Si recuerdas tu experiencia y piensas "esto no tenía que haber pasado", probablemente no era el cliente perfecto que habías seleccionado estratégicamente.

El proceso de seleccionar primero a los clientes se conoce como "selección de clientes".

"Prospección". Fuera del mundo de las ventas, el término es definido por Wikipedia como "la primera etapa en el análisis geológico de un área..." Se define como. La búsqueda física de minerales, fósiles, metales preciosos y especímenes minerales. ......" Se define como. La prospección es una pequeña forma de exploración minera que consiste en un esfuerzo organizado a gran escala realizado por empresas mineras comerciales para encontrar yacimientos minerales comercialmente viables." Esto puede traducirse simplemente como la búsqueda de reservas. Se trata de extraer el máximo valor de las relaciones que mantenemos, las situaciones en las que nos encontramos y las oportunidades que creamos.

Como profesional de las ventas, su responsabilidad es buscar constantemente tesoros enterrados. Si fueras un buscador de tesoros, te fijarías de antemano el objetivo de encontrar algo de gran valor en. . Como profesional de las ventas, su trabajo consiste en hacer exactamente lo mismo: predeterminar la persona exacta y perfecta con la que quiere hacer negocios.

El afán de superación y el deseo de mejorar son cualidades que han impulsado la profesión de vendedor desde el principio de los tiempos. Este entusiasmo también puede ser un gran obstáculo para aprovechar las oportunidades que ya existen. Usted tiene derecho a elegir a sus clientes, a determinar la forma de su éxito y la calidad y cantidad de personas con las que quiere trabajar. Un error común es no poner en práctica esa elección e intentar trabajar con todo el mundo.

Intento pensar en todos mis futuros clientes como "personas que faltan". En lugar de buscar a todo el mundo, céntrate en quién es tu cliente ideal. Así encontrará más oportunidades, conseguirá clientes más adecuados y será más específico en todas sus actividades. Una ventaja añadida de poder describir cada uno de sus mercados objetivo es que otras personas podrán ayudarle a alcanzar sus objetivos. Puede explicárselos a todos los que conozca y pedirles que le recomienden a las personas que le faltan o que ellos mismos se conviertan en clientes potenciales.

Hay una parte del cerebro llamada sensor de activación reticular (SRA), que es un componente de nuestro sistema de conciencia. Este sensor determina qué información es importante y qué debe ignorarse a lo largo del día. Si fijas tu RAS en el próximo cliente que quieres conocer, podrás encontrar oportunidades allá donde vayas. No digo que sólo debas tratar con personas cercanas a tu ideal, pero a menudo tendrás más suerte si orientas tus actividades. Yo lo veo como un juego de dardos. Cada vez que lanzas un dardo, estás apuntando a algo. No siempre das en el blanco, pero incluso si fallas, contribuyes a la puntuación.

La identificación de una persona desaparecida puede realizarse en tres sencillos pasos.

1. Imagine al cliente de sus sueños: la persona perfecta con la que le gustaría trabajar repetidamente. Una vez que tenga clara esta imagen, tome lápiz y papel y enumere las cualidades exactas de esa persona y por qué es perfecta para usted.

2. Además, pueden establecerse restricciones y límites para acotar el conjunto de candidatos, lo que permite una identificación más precisa de los mismos.

   ○ ¿Dónde se encuentran geográficamente?

   ○ ¿A qué industria o sector pertenece?

   ○ ¿Cuál es el tamaño?

   ○ ¿Qué han estado haciendo desde cuándo?

   ○ ¿A quién quiere ayudar exactamente dentro de su empresa?

   ○ ¿Por qué le necesitan? Las respuestas a estas preguntas, combinadas con las cualidades enumeradas, le sitúan en una posición muy sólida para identificar a clientes potenciales.

3. Cree un perfil detallado por escrito de la persona exacta con la que desea hacer negocios y hágalo lo más visualmente atractivo posible. Esta es su oportunidad de crear su cartel de "persona desaparecida" y compartir los detalles con todas las partes implicadas en su negocio.

Si tiene una gama de productos y servicios diferentes, cada uno con un mercado objetivo distinto, puede repetir este proceso para cada público específico.

Crear una lista de clientes potenciales.

Si quiere ser proactivo y tener éxito como profesional de las ventas, debe tomar la iniciativa y elaborar una lista de clientes potenciales que cumplan unos criterios predefinidos. Es imposible captar más clientes nuevos de los que se tienen prospectos, y un buen profesional de las ventas siempre tendrá una gran cantidad de nuevas oportunidades. Por lo tanto, una parte esencial de todo proceso de ventas es identificar una lista de clientes potenciales y ampliarla una y otra vez.

Mi regla general es construir una lista al menos diez veces mayor que el número de nuevos clientes que quieres. Empiece por crear una lista antes de acercarse a la gente. Esto se debe a que, sin una cantidad de calidad, te estancarás rápidamente. Esto afectará drásticamente a su impulso y confianza cuando esté construyendo su cartera de clientes.

Para ayudarle a construir una lista grande, he desarrollado un sistema simple para crear un proceso continuo para maximizar su red existente y el alcance y proporcionar un suministro interminable de nombres. Siga el sistema de AMIGOS para enumerar los clientes potenciales Construir.

Amigos - En primer lugar, haz una lista de todos los amigos de tu vida y de tu negocio. Revise sus contactos telefónicos, sus contactos de correo electrónico en. , sus contactos en las redes sociales y su libreta de direcciones y considere a todas las personas que encajan en su mercado objetivo o que pueden ayudarle a acercarse a su mercado objetivo y añádalas a la lista.

Registros - A lo largo de nuestra vida profesional, recopilamos grandes cantidades de información que podría ser valiosa en el futuro. Busque en sus registros de clientes y proveedores actuales y antiguos, contactos de trabajos anteriores, bibliotecas de tarjetas de visita, etc.

Sector: considere todos los sectores con los que le gustaría trabajar o con los que ha trabajado en el pasado **y** añada personas y empresas relevantes del mismo sector o de sectores similares.

Marketing electrónico: la web es una herramienta estupenda para crear listas. Coloque un formulario de contacto en su sitio web, recopile números de teléfono y direcciones de correo electrónico en. a cambio de algo de valor, y utilice los motores de búsqueda para identificar a los compradores existentes de sus productos y servicios.

Red de contactos: asista a actos formales e informales **e** identifique posibles clientes para usted y su empresa.

Directorios - Utilice directorios de grupos y organizaciones de su sector para obtener nombres y datos de contacto de posibles clientes. Empieza con un directorio de los grupos a los que perteneces e intenta establecer contacto a través de intereses comunes.

Mismo nombre - Por último, revise toda su lista y piense en cualquier persona que se le ocurra que comparta el mismo nombre o apellido que uno de sus clientes potenciales actuales. Se sorprenderá de la cantidad de nombres que puede añadir siguiendo esta sencilla técnica de memoria. *Recuerde que las personas compran personas: su lista debe contener nombres de personas, no de organizaciones.*

Lograr una productividad endiablada.

Esto crea una enorme lista de personas. Esto puede ser útil y, al mismo tiempo, muy abrumador. Sin embargo, si te centras en un grupo específico de personas, puedes aumentar tu productividad.

Si quiere encontrar tesoros, alcanzar el éxito a largo plazo (.) y estar en condiciones de suministrar continuamente nuevas oportunidades de negocio, probablemente tendrá que buscar prospectos que encajen en diferentes grupos. Antes de centrarte más, invierte tiempo en identificar tres tipos diferentes de clientes potenciales. Estas categorías pueden etiquetarse de la forma que mejor se adapte a tu situación, pero para que este ejemplo sea más fácil de entender, vamos a ceñirnos a la analogía de la búsqueda del tesoro.

Nivel 1 - Prospectos Plata. Estos prospectos son oportunidades que usted puede adquirir fácilmente y deberían traerle el éxito a corto plazo. que usted necesita para sostener su negocio. Es probable que lleguen a usted a través de consultas directas, tienen una necesidad urgente y son de naturaleza transaccional. Es poco probable que estos clientes gasten grandes sumas de dinero, pero son rápidos a la hora de tomar decisiones y menos sensibles al precio, lo que es esencial para el éxito de las ventas.

Nivel 2 - Clientes potenciales de oro. Se trata de personas a las que ha elegido de forma proactiva como clientes principales potenciales y valiosos para su producto o servicio. Es probable que ya hayan comprado a otra persona y pueden tardar un poco más en tomar una decisión, pero tienen la capacidad de aportarle un gasto repetido continuo.

Nivel 3 - Prospectos Platino. Estos prospectos premium son su oportunidad soñada. - tal vez la venta perfecta, la cuenta ideal o el escurridizo "pez gordo". Se trata de una oportunidad que, si puede conseguirla, podría alegrarle el año o incluso cambiarle la vida personalmente. Sin embargo, ese pez tan gordo no sabe de tu presencia y hay muchos otros que buscan la misma oportunidad, por lo que no es fácil presentarse.

Disponer de estas tres categorías le permite dividir una lista grande en áreas más pequeñas y seleccionar qué clientes le interesan más antes de pasar a la acción. Sin embargo, incluso con esta preparación, puede resultar difícil saber dónde centrarse. Con cientos de clientes potenciales en cada área, esta abundancia de oportunidades puede impedirle avanzar.

En lugar de trabajar con todo el mundo, el siguiente paso inteligente es lo que yo llamo "productividad diabólica". La razón por la que lo llamo así es porque eliges seis contactos específicos de cada una de las tres categorías para trabajar con ellos. 6 de Plata, 6 de Oro y 6 de Platino (666 personas), lo que significa que solo 18 personas en total pueden trabajar en el proyecto.

Los seis primeros "buenos" prospectos serán ventas importantes para tu negocio, tomarán decisiones inmediatas y aportarán beneficios y oportunidades a tu empresa. Pero son los que necesitas para seguir avanzando y los que alimentarán tu viaje para encontrar los seis siguientes que cerrarás.

Las siguientes seis personas en las que debe centrarse son sus "mejores" clientes potenciales. Si consigues a estas personas, habrás tenido un buen día. En este momento estás muy emocionado y esto es lo que realmente buscas.

Las últimas seis personas en las que debe trabajar son sus prospectos ideales absolutos, los grandes, los que le harán la vida más fácil si puede conseguir uno. Ahora bien, podría tratarse de una persona que quieres que se una a tu negocio. Podría ser un negocio de ensueño, en el que alguien compra todo lo que ofreces. O podría ser el socio perfecto, una relación que le permita conectar los puntos y hacer crecer su negocio rápidamente de la noche a la mañana.

Piense en las diferencias entre estos tres grupos. Los buenos prospectos que entran en los seis primeros deben ser fáciles de encontrar, fáciles de cerrar y deben ser capaces de hacer el trabajo con bastante rapidez.

El segundo grupo puede tardar más en encontrarse, tardar más en presentarse y requerir varias reuniones. Pueden pasar semanas o meses antes de que tomen la decisión que usted desea. Pero cuando lo hagan, sabrá que habrá merecido la pena.

El último grupo son las quemaduras lentas. Son los que requieren más tiempo, esfuerzo y energía. Probablemente ya estén trabajando con otros. No se trata de que te elijan a ti. Esto llevará tiempo, ya que la primera decisión que debes dejar que tomen estas personas es que decidan dejar de hacer aquello por lo que quieres sustituirlas.

Elegir ser endiabladamente productivo y trabajar con perspectivas en estas tres áreas significa que valoras tu trabajo diario, piensas en·cómo puedes ser súper exitoso y valoras el billete de ensueño que sabemos que es posible para ti.

Reducirla a 18 personas significa que la lista cambia con cada decisión. Entonces, a partir del día siguiente, empiezas a pensar en quién ocupará el puesto.

Lo mismo puede decirse cuando alguien decide que no es para ti en este momento. Cuando alguien te diga "no, ahora no", elimina a esa persona de tu endiabladamente productiva lista, vuelve a incluirla en la lista más grande y trae a otra persona en su lugar.

Preguntarse cada día: "¿Quiénes son los 18 clientes potenciales con los que estoy trabajando ahora mismo?" es una forma muy sencilla de centrar parte de su actividad en el crecimiento continuo de su base de clientes.

Las ventas son filosofía.

En todas las empresas en las que he trabajado, suele haber una clara división entre los departamentos de ventas y operaciones de la organización. Mucha gente cree que la responsabilidad de captar y retener clientes recae simplemente en el equipo de ventas. No sólo no estoy de acuerdo con este enfoque, sino que creo que fracasa en muchas empresas cada año.

Si está tratando de construir un negocio que conecte con los clientes, ofrezca un gran servicio y consiga referencias y clientes habituales, entender que las ventas son una filosofía le ayudará a conseguirlo.

Cuando se trabaja con clientes, es esencial supervisar toda la experiencia del cliente, desde el contacto inicial hasta el proceso de venta, la entrega prometida y más allá. Todo el equipo tiene una enorme repercusión en el éxito comercial de la empresa y existen oportunidades para mejorar o reducir la calidad de la experiencia del cliente en cada punto de contacto. Si se hace bien, se pueden conseguir resultados sorprendentemente significativos. Incorporar una mentalidad de ventas centrada en lo comercial. en todas las interacciones con los clientes aumentará drásticamente el éxito de ventas. De este modo, cuando todos trabajen juntos en la misma dirección, los beneficios combinados, que aisladamente pueden ser marginales, le sorprenderán.. Centre su atención en sus propios procesos y hágase las siguientes preguntas.

- ¿Cómo apoya el primer punto de contacto con el cliente los resultados de ventas?

- ¿En qué medida cumple el equipo de operaciones las promesas del equipo de ventas?

- ¿De qué se habla exactamente durante el proceso de venta para crear expectativas justas para el proceso que sigue?

- ¿Estamos maximizando las oportunidades de venta en el punto de entrega?

- ¿Qué información adicional debe recopilarse en cada punto de contacto para garantizar el éxito de las ventas en el futuro?

- ¿Son coherentes en todos los ámbitos las palabras y términos utilizados para describir los productos y servicios?

- ¿Reconoce el departamento financiero el valor potencial de cada cliente existente?

- ¿Se están construyendo relaciones superpuestas entre los clientes existentes para proteger la fidelidad, fortalecer las relaciones y aumentar la eficiencia transaccional?

Conectar los puntos en el proceso tiene beneficios muy tangibles, entre ellos

- Mejora de los márgenes de beneficio
- Sin retrasos en los pagos.
- No hay préstamos morosos
- Trato preferente de los proveedores
- Mejora de la eficacia operativa
- Mayor productividad del personal
- Más tiempo libre
- Menos quejas de los clientes Mejora de
- la comunicación

Imagine el impacto positivo que tendría en el éxito de sus ventas si decidiera trazar primero el recorrido del cliente, identificar los puntos de control clave dentro del mismo y equiparse a sí mismo y a todas las partes interesadas clave con las habilidades y la información adecuadas para maximizar cada oportunidad. Por favor.

La percepción es la realidad.

Por desgracia, las primeras impresiones importan, tanto en la vida como en los negocios. Los seres humanos somos superficiales y podemos juzgar a los demás basándonos en información limitada en un breve periodo de tiempo. Cuando otros te pagan por tus servicios, sus juicios son aún más agudos, y la diferencia entre que alguien te elija y que le gustes puede depender de muy pocos factores.

Suponiendo que reciba un gran reconocimiento por parte de sus clientes, piense en cómo quiere que le consideren y controle sus pensamientos. Por muy exigentes que sean, usted puede causar su propia primera impresión. Su posición en la empresa, su experiencia, el tamaño y la credibilidad de su organización son factores desconocidos cuando se presenta por primera vez. Esta impresión es tu oportunidad de poner el listón donde decidas ir.

El cuidado personal es de vital importancia. La elección de la ropa, el perfume, el aseo y los accesorios dicen mucho de ti. ¿Está satisfecho con el mensaje que transmite?

Seguro que has perdido la cuenta de las veces que has tenido prejuicios o has visto a los demás de forma prejuiciosa. Es importante aceptar que esto ocurre, pero igual de importante es no tener nunca prejuicios contra los demás.

Algunos de los factores clave que influyen en los juicios inmediatos que los demás hacen de ti son

Transporte - El estatus social **de una persona** suele juzgarse por el vehículo que conduce. Sabiendo esto, haga todo lo posible por utilizar su coche como herramienta. Si su negocio necesita ser visto como un gran éxito y su coche lo refleja, asegúrese de que le ven en su coche. Si su coche aún no cumple los objetivos de su negocio, elija otro medio de transporte o no deje que obstaculice sus posibilidades de éxito. Lo contrario también es cierto. Si tu negocio ofrece un alto valor. pero tu coche se considera demasiado caro, te considerarán demasiado caro y puedes perder tu trabajo. La clave es presentar siempre cualquier medio de transporte en su mejor momento y que trabaje en tu contra.

Uniformes: la ropa puede ser difícil de elegir correctamente. Muchos de nosotros desempeñamos diferentes funciones en nuestras empresas y realizamos diferentes tareas. Mi regla general es vestir como el cliente espera que vistas y, en caso de duda, es mejor ser formal que demasiado informal.

Accesorios - Los accesorios suelen ser los indicios más poderosos del verdadero carácter de una persona. La elección de zapatos, joyas, adornos corporales, artículos de papelería, aparatos electrónicos y bolsos puede decir mucho más que muchos otros factores. Piense detenidamente qué dicen de usted sus accesorios y si dan la impresión que busca.

Arreglo personal: prepárate para que te juzguen por tu aspecto, tu olor y tu comportamiento. Pide a un desconocido que te haga un perfil por tu aspecto y escucha su reacción. Aprendí una lección importante en un largo viaje de negocios cuando de repente me miré las manos y me di cuenta de que mis uñas demasiado crecidas no me representaban. En otras palabras, si no puedes preocuparte por tu propio aspecto, ¿cómo vas a preocuparte por su éxito empresarial? Durante toda la reunión mantuve las manos fuera de la vista, perdí mi confianza habitual y me volví escéptica sobre mi aspecto. Desde ese día, mi rutina de manicura es una prioridad en mi plan personal y un cortaúñas de viaje de tamaño. es un accesorio permanente en mi bolsa de trabajo. El apretón de manos también es importante. Si es demasiado firme, parecerá arrogante; si es demasiado débil, parecerá incompetente.

Materiales de marketing: su empresa también causa impresión. Tanto si lo primero que ve un cliente potencial es su tarjeta de visita, su firma de correo electrónico en. , su buzón de voz o su sitio web, asegúrese de que transmita el mensaje adecuado. Yo trabajo según el principio de no mostrar las empresas actuales, sino las que crecerán en el futuro. Cuanto mayor sea la calidad de la impresión, más educada parecerá su empresa. Dar un mensaje coherente en todas las comunicaciones por correo electrónico. mostrará estructura y control. .Recomiendo que todas las comunicaciones por correo electrónico sigan el mismo formato, incluidos los tipos de letra, el espaciado y las firmas automáticas de . . El buzón de voz marca el tono y la cultura de tu empresa. Tu sitio web debe explicar claramente cómo ayudas a la gente y reforzar tu visión.

Comprender estos factores para determinar su idoneidad le proporcionará áreas adicionales de control ante una oportunidad de venta. También le permitirá pensar como un profesional de las ventas.

¿Merece la pena?

Aprendí muy pronto que hay una gran diferencia entre hacer bien el trabajo y hacerlo bien. Siempre he sido muy trabajador y dedicado, esforzándome en cada actividad y luchando por obtener los mejores resultados. Sin embargo, cambié mucho cuando me di cuenta de que trabajar duro sólo puede aportar un éxito limitado. La gran lección fue que necesitaba entender qué son realmente las actividades gratificantes. .

Todos tenemos "cosas que hacer" en nuestra vida cotidiana. Pero, ¿cuántas de esas "cosas que hay que hacer" nos están ayudando realmente a conseguir el resultado final que buscamos? Aplicarte esta sencilla ecuación te ayudará a tomar decisiones más informadas sobre dónde invertir tu tiempo.

Debe conocer las respuestas a las siguientes preguntas

R: ¿Cuántos ingresos espera generar en los próximos 12 meses?

B: ¿Cuántas horas a la semana tiene previsto trabajar?

C: ¿Cuántas semanas al año trabaja?

Conocer estas cifras te permite observar por primera vez tu productividad e identificar qué actividades están construyendo tu negocio y cuáles lo están obstaculizando. Tienes que considerar y cuestionar todo lo que estás haciendo que no te está pagando la tarifa horaria que deseas. Es posible que tenga que aprender a delegar muchas de estas actividades, e incluso puede que algunas se detengan por completo.

Como resultado de este ejercicio, la gente suele descubrir que las dos actividades siguientes son las más rentables

1. Diálogo directo con clientes potenciales

2. Proporcionar bienes y servicios a clientes reales Lo descubren porque conocen otra actividad muy rentable. .

3. Planificación y revisión

Cuanto más tiempo dedique a estas áreas, más oportunidades tendrá de hacer crecer su negocio.

Valor para el cliente

Un error común que cometen muchas personas es pasar por alto la transacción inicial con un cliente y medir el éxito y el valor en función del tamaño del trato inicial.

Consideremos, por ejemplo, el caso de un negocio de corte de pelo. El valor del cliente muestra que gasta una media de 75 dólares. Es fácil planificar su negocio en consecuencia. Sin embargo, cuando se mira el panorama general, se puede ver rápidamente el valor real de este mismo cliente.

Ejemplo 1.

Los clientes gastan 75 dólares por visita.

Visitas cada 8-12 semanas

Clientes fijos durante 5 años

Ejemplo 2.

Los clientes gastan 95 dólares por visita.

Visitas cada 6-8 semanas

Clientes fijos desde hace 7 años

2 nuevos clientes similares al año.

Esta visión más optimista nos permite ver el valor potencial de un cliente, que se calcula de la siguiente manera

$$\$95 \times 8 \text{ visits per year} \times 7 \text{ years} = \$5{,}320$$

Si otros 14 nuevos clientes hacen exactamente lo mismo, cada relación les reportará unos ingresos adicionales de 74.480 dólares.

Lo que sí sé es que muy pocas veces se obtiene más dinero del que se pidió o se tiene más éxito del que se estaba preparado. Si consideras que tu cliente vale 75 dólares, probablemente pondrás un obstáculo ahí. Si valoras a un cliente en 5.320 dólares, probablemente construirás una experiencia a la altura. .Si considera que el valor de su cliente es de 80.000 dólares o más, haga lo necesario para prepararse para esa gran oportunidad.. El éxito a largo plazo empieza por adoptar una visión a largo plazo y prepararse mediante la comprensión del valor potencial exacto de sus clientes durante toda su vida. valor potencial exacto de sus clientes.

Realización sobre el papel.

"Si al principio no funciona sobre el papel, ¿cómo podemos esperar que funcione en la realidad?".

Este fue un consejo que recibí poco después de incorporarme a la empresa y desde entonces siempre he adoptado un enfoque analítico para hacer crecer el negocio.

El éxito en las ventas es el resultado de una combinación de factores que conducen al éxito. Piense en el proceso de ventas como en una máquina y considere todas las etapas como partes de esa máquina. Normalmente, si una máquina no funciona correctamente, rara vez hay un problema con la máquina en su conjunto. Se trata simplemente de que una o varias piezas no funcionan con eficacia. El seguimiento y la medición pueden ayudarle a encontrar áreas individuales de mejora y a esforzarse continuamente por mejorar el resultado final. En las grandes empresas, estos datos se denominan indicadores clave de rendimiento (KPI) y se crean cuadros de mando para controlar los factores que contribuyen al éxito de las ventas.

Se recomienda establecer un mínimo de cinco y un máximo de doce KPI como herramientas valiosas para comprender los factores que afectan al éxito general.

Algunos ejemplos de áreas que se pueden supervisar son

- Número total de oportunidades de venta por semana, mes y año
- Número de llamadas salientes
- Porcentaje de ventas en relación con el objetivo, el presupuesto o el año anterior
- Tiempo dedicado a conversaciones de venta
- Tiempo transcurrido desde la consulta hasta la decisión
- Actividades de marketing/generación de clientes potenciales
- Contactos
- Conversión de citas/ventas
- valor medio de transacción
- Número de transacciones al año
- Porcentaje de artículos adicionales

vendidos Valor de la tubería

A medida que repitas una actividad, con el tiempo podrás obtener un ratio. Y cuando aparezcan los ratios, podrás medir la eficacia de tus acciones. Cuando empiezas a medir es cuando empieza la verdadera mejora.

Las dos preguntas más importantes

Antes de comunicarse con clientes potenciales, es necesario conocer las respuestas a dos preguntas muy sencillas, pero muy profundas.

1. ¿Para quién trabaja?
2. ¿Qué problemas resuelve?

Sin respuestas detalladas a estas dos preguntas, perderá el control de sus actividades de venta, perderá el rumbo de sus actividades y sus conversaciones carecerán de convicción. Cuanto más claras sean las respuestas, más probabilidades tendrá de encontrar clientes y convertirlos. El éxito en las ventas empieza por comprender su papel a la hora de encontrar la solución adecuada para la persona adecuada en el momento adecuado. Atrás quedaron los días de exagerar las características de su producto o servicio y esperar atraer a mucha gente. Empieza por trabajar con las personas adecuadas, tener claro el servicio que ofreces y el valor que aporta a los clientes, y tener confianza en la entrega de ese valor.

2
La búsqueda de la confianza

La razón por la que cogiste este libro y llegaste a este punto no es porque nunca te propusiste ser vendedor, sino porque a través de otra habilidad, pasión u oportunidad, sentiste la necesidad de desarrollar habilidades superiores en el campo de las ventas para apoyar tu negocio principal.

Lo más importante en el mundo de las ventas es tener confianza. ¿Cómo puedes tener confianza en algo que nunca has hecho antes? Entiendo la importancia de la confianza y lo vital que es para el éxito, y a lo largo de mi carrera he estudiado cómo se genera la confianza.

Para tener confianza en algo, necesitas dar tres pasos en tu propia experiencia que se relacionen con eso mismo.

1. Lo primero que se necesita para tener confianza en el conocimiento es una comprensión o conocimiento básico de la cosa.

   Tomemos, por ejemplo, una tarea trivial. Como soy británico,. , utilizaré el ejemplo de preparar una taza de té. En primer lugar, tendrías que conocer los elementos necesarios para preparar una taza de té, las técnicas que se emplean y las distintas maneras de elaborar la taza terminada. Puedes ver vídeos, leer manuales y observar a otros para ampliar tus conocimientos sobre este arte y aprender los distintos métodos. Este paso es esencial, pero sólo se puede llegar hasta cierto punto.

   He conocido a cientos de formadores, conferenciantes y profesionales del mundo empresarial que hablan con un profundo conocimiento de lo que se necesita para tener éxito, pero sin dar el siguiente paso, su valor es limitado.

2. La experiencia. Después de haber empezado con la teoría, ahora puede pasar al siguiente paso para ganar confianza: un sentimiento de confianza en sí mismo. La única forma de adquirir verdadera confianza es a través de la experiencia. Después de haberlo hecho una vez, sentirás que puedes hacerlo igual o incluso mejor la próxima vez. Por ejemplo, si preparas té, aprendes vertiendo agua caliente sobre las hojas de té de la forma que has elegido para hacerlo y viendo los resultados de lo que has aprendido hasta ahora. No intentes hacer algo perfecto, pruébalo, tantea el terreno y comprende que se pueden conseguir diferentes resultados. Pronto aprendes que puedes hacerlo en una olla o en una taza. También descubriste que puedes simplemente verter agua caliente sobre la bolsita de té. También aprendiste que hay que dejarlo reposar un rato. Pero hasta que no experimentes un poco, hasta que no lo bebas de verdad, no notarás la diferencia de sabor.

La única forma de desarrollar confianza en el proceso de venta es adquirir experiencia participando en cientos de conversaciones de venta. Tienes que experimentar las fáciles, las difíciles, los grandes errores y las sutiles diferencias que pueden marcar una diferencia drástica en la dirección. Sea valiente y empiece por adquirir experiencia. Olvídese de ser perfecto y céntrese en lo que la experiencia puede enseñarle.

3. Especialización. Sólo en este punto se puede desarrollar la especialización. La pericia es una combinación de conocimientos y experiencia, y como resultado se adquiere más confianza en lo que se sabe. He preparado casi tantas tazas de té como conversaciones he tenido en ventas, así que puedo entender la diferencia entre lo bueno y lo malo, evaluar los factores que marcan la diferencia y ser honesto sobre los cambios que tengo que hacer para mejorar.

Por lo tanto, ser honesto sobre tu propio rendimiento es lo que proporciona a tu auto. importantes puntos de autoconfianza. .Lo más importante es ser honesto sobre tu propio rendimiento, ya que ésta es la clave de tu autoconfianza.

Puedes aprender mucho de las experiencias de los demás. Hay innumerables recursos en el mundo para ayudarte a crecer. Sólo tienes que entender que el crecimiento más rápido y fructífero viene de practicar lo que aprendes, aprender de la experiencia y desarrollar la integridad para intentar ser mejor la próxima vez.

Este capítulo explora las herramientas y técnicas que pueden utilizarse para aumentar la confianza antes de una conversación de ventas y darle una ventaja justa preparándose adecuadamente de antemano.

¿Has terminado los deberes?

Es habitual que las personas pierdan de vista sus propios productos y servicios, así como los detalles asociados a su profesión. Sin embargo, "ayudar a la gente" es común a todos los sectores. Cuando entre en contacto con la gente por primera vez, hágase las siguientes preguntas *¿Quiero resolver un problema o ayudar a la persona?*

Sé qué respuesta es probable que dé. También sé que cuando te preparas para una conversación de ventas, el enfoque de esa conversación casi siempre será resolver el problema exagerando lo genial que es tu producto o servicio y explicando los beneficios detallados que ayudarán a resolver el problema.

Si te centras en resolver problemas antes de ganarte la confianza de la otra persona, no podrás construir una relación suficientemente buena con ella. Las decisiones suelen tomarse basándose en las emociones antes de cualquier confirmación lógica. Como profesional, tiene la responsabilidad de saber con quién está hablando. El conocimiento detallado de los clientes que desea, de los clientes potenciales con los que trabaja y de sus clientes actuales es necesario para maximizar su éxito. Pero recuerde que las personas compran a personas, no a organizaciones.

Si investiga y comprende lo que es importante para los responsables de la toma de decisiones clave a los que se dirige, su confianza se disparará y su capacidad para crear conexiones y controlar conversaciones significativas mejorará notablemente.

Antes de la conversación, esto es lo que debe saber

- **Al ver de antemano una foto de la cara de la persona, puede** reconocerla al instante y saludarla con más cordialidad y confianza.

- **Aficiones e intereses de la otra persona:** saber quién es en apariencia puede ayudarle a encontrar rápidamente puntos en común.

- **Proceso de toma de decisiones -** búsqueda de nombres y .posicionamiento, para que sepan hasta dónde pueden llegar en cada conversación y quién más hace falta.

- **Historial laboral:** hay muchas oportunidades de entablar una conversación creíble para todas las partes **sabiendo** cuánto tiempo han trabajado en su puesto actual, las empresas para las que han trabajado en el pasado y otros sectores.

- **Conocidos comunes: la** otra persona sabe lo que tú sabes, puedes utilizar su nombre en la conversación y puedes aprovechar la confianza existente para ganarte su confianza.

- **Competidores - En** B2B, estar al tanto de tus competidores hace evidente que eres su equipo y un aliado para ayudarles a alcanzar sus objetivos.

- **Registros públicos y notas de prensa: conocer** sus planes, premios, reconocimientos o el reconocimiento público de su contribución al mundo proporciona información privilegiada que puede hablar de sus intereses y objetivos.

Sin embargo, la experiencia demuestra que a la larga ahorra mucho tiempo y te posiciona como un auténtico profesional en el momento de la conversación. Hay mucha información disponible si quieres encontrarla. Hace unos años, esto habría sido una tarea desalentadora, pero hoy internet nos proporciona información casi al instante y normalmente sin ninguna carga económica. Los sitios web de las empresas contienen datos, mientras que los perfiles personales en Facebook, LinkedIn y Twitter suelen contener una gran cantidad de información valiosa.

En una conversación de ventas, intentas ganarte la confianza del comprador y convencerle de que eres la persona adecuada para el trabajo. Esto es muy parecido a las entrevistas de trabajo, y es sabido que los candidatos tienen muchas más posibilidades de éxito si investigan la oportunidad antes de la entrevista. Investigue con antelación para aumentar sus posibilidades de conseguir la venta.

Crea tu propia suerte por tu cuenta.

Para muchas personas que buscan abrir nuevas puertas, el primer acercamiento ideal sería una oportunidad a través de la recomendación de un cliente o contacto existente. Las referencias ofrecen oportunidades más cálidas y una probabilidad de éxito significativamente mayor y, por tanto, mayor confianza. Este éxito se genera en gran medida por la transferencia de confianza entre la fuente de referencia y el nuevo comprador potencial de su producto o servicio.

Haciendo una comprobación preliminar, esta confianza puede reproducirse en la piedra prospección en frío. Siga estos tres sencillos pasos

1. Averigüe con qué empresas hacen negocios los posibles compradores.
2. Averigüe quiénes son los competidores más feroces.
3. Averigua si alguno de tus conocidos comunes es famoso a nivel local o nacional.

Con esta información, deben incluirse en la reunión los tres elementos siguientes, por este orden

1. Empiece hablando abiertamente de cómo conoce o se interesa por conocidos comunes.

2. Durante la conversación, mencione empresas que realicen un trabajo igual o similar al de la organización para la que trabaja el posible cliente. Si no hay ninguna empresa con la que esté familiarizado, mencione el nombre a .

    Contactos más conocidos.

3. Al final de la reunión, sugiera sutilmente futuras conversaciones e interacciones con los competidores.

Este sencillo paso ayuda a generar confianza a partir de conocidos mutuos y a ganar credibilidad conociendo a personas activas en el sector. A continuación, al comunicar que es posible que trabajes con sus competidores, creas miedo a perder. Si sigue estos tres pasos en sus reuniones de ventas, aumentará la probabilidad de que los compradores decidan trabajar con usted.

existencias

Asistir a reuniones de ventas puede ser desalentador, pero el resultado suele ser la falta de preparación o quedar eclipsado por el material de marketing. A lo largo de mi carrera en el mundo de las ventas, he podido comprobar que hay unos cuantos "imprescindibles" que son necesarios para tener éxito. Otros son simplemente "buenos para tener" y, lo que es peor, pueden impedir que vendas.

Bloc de notas y bolígrafo: tomar notas antes, durante y después de una reunión es una tarea valiosa. Tomar notas le permite comunicar todo lo que quiere decir, demuestra que se toma en serio el negocio, le permite que le escuchen con eficacia y garantiza que todos los acuerdos pertinentes se pongan en práctica. No salga de casa sin tomar notas.

Watch-Time es un recurso inestimable tanto para los vendedores como para los clientes. Valorar el tiempo es un atajo hacia el éxito. Llevar reloj es un indicador visual de que valoras tu tiempo.

Agendas - Sin agendas es imposible planificar seguimientos, reprogramar citas y priorizar acciones. Hoy en día, el concepto de agenda se ha ampliado de las tradicionales agendas en papel a opciones electrónicas más comunes que pueden conectarse a múltiples dispositivos. El objetivo es poder acceder a la agenda en cualquier momento y consultarla en conversaciones con clientes y clientes potenciales. Téngala siempre a mano.

Teléfono - El mundo de las ventas es vertiginoso y está lleno de circunstancias cambiantes. La capacidad de comunicarse al instante es imprescindible, y poder descolgar el teléfono, mantener una conversación real y tomar decisiones ayuda a mantener el ritmo. El teléfono es el mejor amigo del profesional de ventas.

Registros precisos de clientes - Desde el principio de su andadura, necesita mantener registros precisos de todos sus clientes actuales y potenciales. Tanto si se trata de un CRM informatizado basado en. como de un conjunto de archivos de clientes en papel basados en. , mantener un registro fluido de la correspondencia y la información le hará ganar masas de negocio adicionales por tener la memoria perfecta que sabe que personalmente no tiene.

Herramientas de recopilación de datos - Históricamente, la gente repartía tarjetas de visita con la esperanza de iniciar una conversación deseable. En lugar de eso, recopila los datos de contacto de otras personas y prepárate para ofrecerles tu permiso. introducción basada en el momento en que os conozcáis en persona. Prepárate para intercambiar números de teléfono, direcciones de correo electrónico. o conectarte a través de las redes sociales: decide cómo quieres hacerlo y prepárate para actuar con rapidez cuando llegue el momento.

Formularios de pedido: es una obviedad, pero he visto a muchos vendedores perder una oportunidad por no poder conseguir un pedido en el acto. ......!

Muchos de los que lean esto estarán pensando que hay muchas otras cosas que necesita una empresa.

Sin embargo, considere que el trabajo del representante de ventas consiste en proporcionar al cliente potencial información suficiente para tomar una decisión y, a continuación, pedirle que tome esa decisión.. Los presentadores de ventas prescritos, los folletos de productos y las muestras hacen que los clientes sientan que se les está vendiendo, y muy a menudo obtienen respuestas indecisas como "déjeme un folleto y ya le llamaré".

Centrarse en el juego

Asumir la responsabilidad de conseguir nuevas ventas puede ser desalentador. Conlleva retos y obstáculos que muchas personas ni siquiera sabían que existían antes de reunirse con posibles clientes e intentar influir en su toma de decisiones. Las largas jornadas y los resultados impredecibles dificultan pensar en positivo, mantener el optimismo y la energía.

Sin embargo, a lo largo de los años he aprendido habilidades y técnicas sencillas que realmente me han ayudado a mí y a muchos de mis clientes a superar los retos y seguir produciendo libros de negocios de éxito.

- Tómate un tiempo para pensar *por qué* haces lo que haces. Tu empresa debe ser un medio para conseguir todo lo que quieres en la vida. Haz una lista detallada de todas las cosas que quieres conseguir, los acontecimientos que quieres vivir, las cualidades que quieres poseer, etc. Entender por qué estás haciendo este esfuerzo debería ayudarte a encontrar la determinación para superar los momentos difíciles.

- Piensa en las personas de las que te dejas aconsejar. Desde el momento en que naces, estás condicionado por tu entorno, y las personas con las que pasas tu tiempo tienen un enorme impacto en tu vida. He experimentado los dos extremos del condicionamiento, positivo y negativo, y he aprendido innumerables lecciones. Sin embargo, las personas más cercanas son las que más debemos cuidar. Nuestros seres queridos, familiares y amigos tienen grandes sentimientos y cuando añaden dudas o cautela a tus planes, a menudo revelan un deber de cuidado y seguridad. En consecuencia, rara vez hablo de negocios con mi familia. Esto se debe a que están condicionados en mundos muy diferentes. Sólo acepte los consejos que necesita para hacer crecer su negocio de personas que han conseguido lo que usted pretende.

- La mayoría de las personas que visualizan sus logros tienen una enorme lista de tareas sin completar en alguna variante de la lista de cosas por hacer. . Intentar llevar a cabo la tarea imposible de completar esa lista es, en el mejor de los casos, agotador, y tener ante ti una montaña de acciones sin completar tendrá sin duda un impacto negativo en tu confianza. La confianza se construye a partir de tus experiencias. En lo que va de tu vida, probablemente hayas catalogado cientos de logros significativos y olvides que tienes un historial de éxitos. Contrarresta tu lista incompleta de tareas llevando un registro de logros y anotando todos los éxitos personales que puedas. Retroceda hasta donde pueda recordar, enumere sus victorias y siga añadiendo más a la lista. Llevando un diario de esas victorias, rodeado de fotos de cada premio, trofeo y momento de orgullo, y recordándome a mí mismo que estoy construyendo sobre éxitos pasados, puedo mantener a raya mis dudas sobre mí mismo. .

- Tener un mentor. Elegir a alguien que pueda recurrir a su experiencia, responder a tus preguntas y ayudarte a hacer preguntas que quizá te dé miedo hacerte a ti mismo puede ser de gran ayuda para afrontar los momentos difíciles. Recuerda que el mentor no te elige a ti, eres tú quien elige a tu mentor.

- Gane cuando esté ganando. Cuando se alcanza un nivel de éxito, es muy fácil levantar el pie del acelerador y disfrutar del protagonismo. Sé tu propio campeón y, cuando las cosas vayan bien, sigue subido a la ola y disfruta del impulso.

conocer al enemigo

La presencia de competidores confirma que existe un verdadero mercado y proporciona una referencia con la que comparar. Nadie quiere ganar una carrera de caballos como. . Comprender su posición en el mercado global es esencial para comercializar adecuadamente usted y su producto.

Piense detenidamente en qué se parece a sus competidores y en qué se diferencia. Puede encontrar matices de diferencia con otras empresas en el "por qué" y el "cómo" hacen las cosas más que en el "qué".

A menudo se encontrará en conversaciones en las que vende contra sus competidores. Para que le perciban como diferente de sus competidores, tiene que demostrar que es diferente y actuar de forma diferente. Para ello, puede demostrar que es diferente sabiendo con qué se le compara. Analizar a sus competidores le ayudará a comprender exactamente cómo puede superarlos, aumentar su cuota de mercado y hablar con inteligencia sobre el valor que ofrece en comparación con sus competidores.

Las áreas mínimas que debe analizar son los componentes de un análisis DAFO. Conciencie sobre estas áreas.

Puntos fuertes: ¿en qué áreas concretas cree que la competencia tiene ventaja?

Debilidades: ¿cuáles son las áreas en las que la competencia está actualmente expuesta?

Oportunidad: ¿cómo puede dar una ventaja a su **empresa**?

Amenazas: ¿dónde necesitas protegerte de sus puntos fuertes y cómo podría afectar esto a tu éxito?

Los conocimientos adquiridos sólo deben servir para posicionar su valor en el mercado. Para ser respetado por sus clientes, no debe rebajar su propio valor hablando mal de sus competidores. . Para ello, limítese a hablar de lo que hacen sus competidores y de lo que usted hace de forma diferente.

Niveles de éxito Pensar a lo grande

Un dicho que se ha utilizado durante décadas en los seminarios de ventas es que cada "no" es sólo un paso hacia un "sí". Aunque entiendo la premisa de este dicho -persistencia, optimismo y determinación-, siempre he tenido problemas con su viabilidad en el mundo real.

La verdad a través de mi experiencia personal es que cada vez que oigo la palabra "no" me duele. Me tomo este rechazo como algo personal y este miedo subyacente al rechazo es uno de los factores que impide a muchas personas con mucho talento desarrollar su verdadero potencial.

Centrarse en el resultado concreto de la charla sobre ventas puede tener dos consecuencias muy negativas: en primer lugar, una intensa presión para ganar la venta en el acto y, en segundo lugar, la creencia de que la cantidad de éxito que se puede obtener es limitada. Como consecuencia, es posible que se pierdan oportunidades por miedo al rechazo, o que se celebre el éxito antes de que el trabajo esté hecho.

Piensa en todos los negocios en los que has participado. Si piensa honestamente en cada uno de ellos, se dará cuenta de que siempre hubo más oportunidades y que podría haber sacado más de ese momento. El entusiasmo combinado con la falta de preparación puede llevarte a abandonar el momento pensando cosas como "debería haber dicho esto", "debería haber hecho esta pregunta" o "podría haber triunfado si hubiera tenido estas herramientas".

La solución consiste en planificar varios niveles de su propio éxito antes de cada oportunidad y considerar los resultados específicos que planea conseguir con antelación. Usted tiene el control absoluto para determinar lo que constituye su propio éxito en cada conversación. Los siguientes nueve pasos conforman un plan típico de preconferencia para mí y mis clientes

1. Representarse bien a sí mismos y a la empresa.

2. Establecer una buena relación.

3. Crear oportunidades para mostrar realmente los servicios.

4. Asegúrese de que los compradores puedan tomar una decisión con conocimiento de causa.

5. Obtener una decisión.

6. Averigüe qué oportunidades surgirán en el futuro.

7. Están previstas las siguientes acciones.

8. Solicite una remisión.

9. Obtener referencias.

También reduce considerablemente la probabilidad de olvidarse de traer algo, decir algo o hacer algo sobre la marcha. Es una buena práctica documentar físicamente el resultado deseado antes de cada conversación de ventas. Hay una serie de razones muy concretas para ello.

confianza

El éxito de ventas no es algo en blanco y negro. Muy a menudo, los clientes no deciden hacer negocios con usted en la primera reunión. Entender al comprador y en qué nivel de éxito elimina de la agenda las consecuencias de un sí o un no, para no fracasar realmente. Lo peor de todo es que *aún no han tenido éxito*.

Si haces de la primera etapa del éxito algo que puedes controlar, siempre alcanzarás un cierto nivel de éxito. Si lo consigue continuamente, la pelota está en juego y ya ha empezado a tener éxito. A veces puedes completar esta etapa de una sola vez, otras veces te lleva más tiempo. Pero en cada momento estás ganando y la confianza viene de los éxitos que has conseguido hasta ahora. Al dividir tus éxitos en niveles más pequeños, tienes muchas más posibilidades de sentir que estás ganando. La acumulación de éxitos crea más éxitos.

estructura

Planificar el éxito antes de empezar te ayuda a tomar el control y fijar la dirección. De este modo, podrá ir paso a paso por cada nivel y marcarlo mentalmente.. Imagina que estás montando un mueble: es más probable que la pieza quede acabada si sigues las instrucciones paso a paso y en el orden correcto, en lugar de esforzarte por abrir todas las cajas.

Tienes la capacidad de escribir tu propio proceso estructurado y sistemático antes de cada conversación importante. Al planificar, ejecutar y repetir, ganas cada vez más control sobre las conversaciones en las que participas.

CONSEGUIR MÁS.

En lugar de terminar la reunión con la decisión inicial, ahora puede ampliar la agenda, conseguir más ventas, recabar información y otros recursos valiosos. Al dirigirle hacia el siguiente paso, mantiene firmemente el control y puede aumentar sus ventas inmediatas y sus oportunidades futuras. También ahorra tiempo de seguimiento (.).

3
Las oportunidades están en todas partes.

Los dos primeros capítulos se han dedicado a prepararle para tener más éxito en la conversación. El arte de vender se centra en tu capacidad para crear oportunidades e influir en su decisión de pagar y obtener los bienes o servicios que ofreces.

Anteriormente, aprendimos que para tener éxito comercial en las ventas, es necesario conocer las respuestas a dos preguntas muy poderosas.

1. ¿Quiénes son las personas a las que presta sus servicios?

2. ¿Cuál es el problema que hay que resolverles?

Cuanto más claras sean sus respuestas a estas preguntas, más se dará cuenta de que la profesión de vendedor no sólo es esencial, sino también significativamente útil para la sociedad en su conjunto. A veces, las personas son incapaces de alcanzar sus objetivos y aspiraciones porque son indecisas, procrastinan una y otra vez y no saben qué medidas tomar. Tu profesión se encarga de velar por quienes necesitan tu ayuda, prepararte para ganarte su confianza y ayudar a guiarles en el proceso de toma de decisiones.. Ayudas a quienes podrían beneficiarse de tu trabajo a que realmente lleguen a materializar esos beneficios.

Decida hoy que su misión es ayudar a la gente y que su papel como profesional de las ventas es servirles. Si lo haces, pronto te darás cuenta de que las oportunidades de ayudar a la gente están en todas partes y de que hay un amplio potencial para ampliar tu base de clientes.

Este capítulo explora las técnicas y habilidades precisas para aprovechar las numerosas oportunidades que existen y conseguir más oportunidades de venta.

¿Qué aspecto tienes?

Establecer una buena relación es una habilidad crucial para captar nuevos clientes, pero empieza con una simple acción que a menudo se pasa por alto. Lo primero que piensa la gente cuando te conoce por primera vez es: "¿Te encuentro atractivo?". Está demostrado que todos somos más atractivos cuando sonreímos.

Lo mágico de la sonrisa es que es contagiosa. Cuando sonríes a alguien, no puede evitar devolverte la sonrisa. Piense en citas pasadas o, me atrevería a decir, en sesiones de flirteo. Todo empieza con una sonrisa. Una sonrisa es el mejor rompehielos. para iniciar una nueva relación y a menudo se pasa por alto su importancia. Una sonrisa hace algo más que levantar las comisuras de los labios y mostrar los dientes nacarados. La cálida energía de una sonrisa afecta a muchas más áreas.

- **Expresión - Una sonrisa se** hace con toda la cara. Si has visto la cara de un niño la mañana de su cumpleaños, es un ejemplo de sonrisa perfecta. ¿Con qué frecuencia sonríes?

- **Lenguaje corporal: entender** cómo sonreír con todo el cuerpo es una lección importante a la hora de atraer a la gente. Un lenguaje corporal abierto y una actitud positiva atraen a la gente. Comprueba cómo te comportas en público y si estás abierto a la conversación.

- **Voz - Cualquiera que** haya vendido o comprado alguna vez por teléfono sabe que una sonrisa se oye. En los primeros segundos de una llamada telefónica, puedes sentir la calidez de la voz de una persona y decidir al instante si te cae bien o mal. Entre en esta zona antes de hacer la llamada.

- **Imagen corporativa:** piense en la "sonrisa" general de la empresa. Logotipo, ropa, trato telefónico: todo forma parte de la personalidad de la empresa y atraerá a nuevos clientes.

Pero a veces nos olvidamos de mostrarnos. Somos animales de costumbres y necesitamos que nos lo recuerden. Cuando estés en el mercado, anima a la gente a encender su "cara feliz" para que sonrían más. Intenta rodearte de cosas que activen tu "cara feliz" y te traigan recuerdos. .He colocado espejos con el lema "Sonríe, estás en el escenario" en las puertas de las zonas de personal de los comercios, emojis amarillos de caras felices en los teléfonos de los centros de llamadas, salvapantallas actualizados para los oficinistas y en los coches de los comerciales que viajan. afirmaciones en los parasoles de los coches de los comerciales.

Redes para el éxito

Como profesional, sea cual sea su campo de especialización, se encontrará en el misterioso mundo del networking empresarial. Una sala llena de gente a la que no conoces de nada, actividades forzadas, tarjetas de visita que te lanzan como confeti y la expectativa de recuperar el tiempo invertido pueden hacer que toda la experiencia resulte bastante desalentadora.

Tanto si se trata de un acto formal y estructurado como de una gran sesión de networking, usted es consciente de que en la sala hay potencial para nuevos negocios y de que el éxito puede depender de la conversación. Entonces, ¿por qué este ejercicio asusta tanto a los participantes?

La razón por la que te resulta difícil es que puede que de niño te hayan condicionado con una simple lista de palabras". No hables con extraños". El primer reto es ir en contra de ese condicionamiento, y creo que la forma más fácil de resolverlo es asumir que todo el mundo piensa más o menos como tú. Pensar que todo el mundo comparte pensamientos y sentimientos similares puede hacerte sentir un poco menos ansioso y más relajado y comprometido.

Sin embargo, superar el miedo inicial es una cosa. He aquí algunas reglas sencillas que he puesto en práctica para ayudarle a tener éxito en el trabajo en red. Adopte estas reglas y estoy seguro de que obtendrá grandes beneficios.

- Independientemente del tamaño del evento que organice, es poco probable que pueda entablar relaciones comerciales duraderas con todos los asistentes. Sin embargo, siempre habrá alguien entre ellos que podrá entablar una relación comercial con todos los presentes.

Valgo mucho más para mí mismo que para los demás. Fíjese objetivos y cúmplalos. Haz algunos contactos nuevos, concierta una cita para reunirte con determinadas personas, etc. Limitarse a asistir y ver qué pasa es dejar tu éxito en manos de la suerte. Si puedes conectar con la gente en las redes sociales antes del evento, puedes utilizar el propio evento como una reunión formal. Si dispone de una lista de asistentes con antelación, investigue antes del evento para ver dónde puede centrar mejor sus esfuerzos. Los actos de networking son una oportunidad muy eficaz para hacer nuevos contactos. Planificarlos con antelación le ayudará a sacar el máximo partido de su tiempo allí.

- Saber de qué hablarCuando entras en una habitación llena de desconocidos, iniciar una conversación es lo más difícil. La forma más fácil de iniciar una conversación es empezar con un tema que todos tengáis en común. El tema que todos tienen en común es el evento al que asisten. Así, planificando una serie de preguntas relacionadas con el evento, puedes crear una interacción cómoda y llegar a conocer a desconocidos.

- "Entonces, ¿a qué te dedicas?", que habla de cómo ayudas a la gente, es una pregunta que casi siempre se hace, pero el destinatario suele estar confuso o vacilar con la respuesta. Como resultado, es posible que se les diga el nombre de la empresa, su cargo o el sector en el que trabajan, lo que rara vez va seguido de una conversación de alto impacto (.). Tu objetivo con esta pregunta es despertar su interés e iniciar una conversación. Así que, cuando te hagan esta pregunta, reformúlala en tu cabeza como "¿Cómo ayudas a la gente?" y responde a la pregunta en su lugar. Una forma sencilla de enmarcar tu respuesta es decir "ayudo a x a conseguir y". De este modo, la persona puede preguntar más sobre tu trabajo. Prepárate para dar ejemplos o historias de tu trabajo, más que hechos.

- Vender a la sala. Esto va en contra de lo que a muchos profesionales se les enseña a hacer para establecer contactos, sin embargo, se basa en la simple realidad de que sus mejores referencias procederán de clientes existentes. Por lo tanto, para conseguir un gran volumen de referencias, necesita tener un número razonable de personas en su red que hayan trabajado con usted antes. Sin embargo, esto no significa promocionar sus productos o servicios; busque formas de ayudar a las personas de su red con su experiencia. Alternativamente, ¿podría ofrecer auditorías gratuitas, listas de comprobación, revisiones, etc. para ayudar a más personas a ver el valor que ofrece a sus clientes? Tu objetivo es que más gente experimente tu ayuda por primera vez,. y comparta esa experiencia con los demás.

Preguntas para desconocidos

- ¿Qué puedo hacer hoy por usted?
- ¿Cómo conoces a <nombre>?
- ¿Desde dónde ha viajado hoy?
- ¿Qué espera obtener de este acontecimiento?
- ¿Cómo se enteró del acto de hoy?
- ¿Asiste a menudo a estos actos?
- ¿Qué le parece el acontecimiento?
- ¿Hay alguien a quien le gustaría conocer hoy?

La persona más importante de tu vida *eres tú*. Para comprobarlo, recuerda la foto de tu clase de primaria. ¿Qué cara buscaste primero?

Esto significa que, a la hora de tratar con la gente, hay que entender que son las personas más importantes de su vida. Si puede elegir, la gente quiere tratar con personas que conoce, que le caen bien y en las que confía. Para crear estos sentimientos, rara vez tienen algo que decir sobre sí mismos.

Las decisiones se toman con la emoción más que con la lógica. Por lo tanto, el resultado que quiere conseguir es que hacer negocios con usted "le parezca bien" antes de buscar qué "tiene sentido" hacer negocios con usted. Para progresar en este ámbito, el enfoque más acertado que puede adoptar es comprender que sus clientes potenciales son las personas más importantes de sus vidas. Mostrando un interés genuino por ellos, puede demostrar una conexión real con ellos, su situación y sus circunstancias. Esto significa hacer preguntas y escuchar. Absténgase de utilizar las respuestas a sus preguntas para instruirles sobre sus propias experiencias similares. Anímeles a hablar de los detalles de sus respuestas.

Al escucharles atentamente, les demuestra que le importan, lo que a su vez les hace sentirse bien.. Muchas empresas de servicios que dependen de clientes habituales demuestran esta habilidad en gran medida. Averigüe qué proveedores utiliza con más frecuencia: peluquerías, restaurantes y bares de barrio, servicios de taxi y automóviles, etc. Su decisión de seguir trabajando con esos proveedores puede estar influida por lo que usted percibe como un interés genuino por usted.

También es útil llevar un registro de lo que la otra persona ha dicho que es importante para ti, de modo que pueda utilizarse en futuras conversaciones y discusiones.

¿Qué hay en un nombre?

Para cualquier persona del mundo, el sonido de su propio nombre es lo más dulce. Seguro que ha habido muchos momentos en los que has oído tu nombre entre una multitud o lo has visto en una valla publicitaria y no has podido evitar sentirte atraído por él.

Recordar, rememorar y utilizar los nombres de otras personas es una forma estupenda de mostrar tu genuina preocupación por los demás. Como dijo tu mujer" y "Como dijo Charlotte", "¿Cómo están los niños? y "¿Cómo están Amelia y Emily? Este pequeño ajuste puede marcar la diferencia. Uno es un intento de demostrar que te importan los demás, el otro es un intento de demostrar que te has tomado el tiempo de preocuparte por ellos.

Recuerde todos los nombres de sus seres queridos y, a continuación, recuerde todos los datos que sean importantes para ellos. Si es importante para ellos, haz que lo sea para ti: apellidos, nombres de mascotas, equipos deportivos favoritos, a qué colegio fueron, de dónde son, etc. .Incorporar esta información en futuras conversaciones, correos electrónicos de seguimiento (.), propuestas y visitas de gestión de cuentas es una gran oportunidad para destacar y crear más oportunidades.

Impresiona más

Además de recordar datos importantes sobre los demás, también querrá impresionar más. Recordar nombres no es fácil, pero el hecho de que los demás recuerden o no su nombre afectará sin duda a su éxito. Cuando la gente oye su nombre al conocerle por primera vez, es probable que en ese momento esté concentrada en otras cosas y no le oiga. Un truco muy sencillo para aumentar las posibilidades de que recuerden tu nombre es ralentizar el proceso. Cuando te presentes, di tu nombre dos veces. Primero, di cómo prefieres que te llamen y luego di tu nombre completo, incluidos tus apellidos. En otras palabras, yo me presento como "Phil, Philip Jones" y les doy múltiples oportunidades de captar mi nombre. Es un método sencillo, pero muy eficaz.

Conviértase en un experto

Si quiere crear más oportunidades, abrir más puertas y generar una tormenta de consultas entrantes, necesita que le consideren un experto en su campo.

El término *"experto"* puede incomodarle y hacerle preguntarse cómo puede llegar a serlo. Una vocecita interior puede empezar a decirle que no ha estudiado lo suficiente, no ha aprendido lo suficiente o simplemente no sabe lo suficiente para ser reconocido como experto.

Si analiza su experiencia con honestidad, descubrirá que hay muchas áreas en las que posee amplios conocimientos. Puede tratarse de cómo influyen sus habilidades en un determinado grupo de personas, de una historia personal relacionada con su profesión o de una habilidad muy específica que es una pequeña parte de su trabajo en general, pero que constituye una rica fuente de conocimientos. Si da rienda suelta a su experiencia y se posiciona como tal, podrá construir su reputación más rápidamente, establecer su autoridad e iniciar conversaciones con más clientes potenciales.

Tu objetivo es *ser x en y.*

- Contables para dentistas.
- Agentes inmobiliarios para inversores en Houston.
- Expertos en nutrición para mamás ocupadas.
- Especialistas en branding para abogados.
- Socio logístico para vendedores de eBay

Estos micronichos específicos proporcionan un enfoque nítido para desarrollar una plataforma basada en expertos y ayudan a crear más oportunidades. Una de las formas más rápidas de ser reconocido como experto es realizar presentaciones sobre su tema ante una audiencia de clientes potenciales. Este efecto inmediato proporciona grandes pistas para nuevas oportunidades de venta. Con el gran número de eventos locales, siempre hay oportunidades para mostrar tu experiencia.

Hay muchas plataformas en las que puedes enviar un mensaje contundente que se considere profesional.

- Intervención en seminarios y actos de creación de redes
- Publicación de artículos en blogs y revistas del sector
- Realización de teleseminarios y seminarios web.
- Participar en entrevistas de radio y televisión.
- Distribución de podcasts
- Producción de vídeos informativos para YouTube.

Todas estas plataformas son ámbitos en los que unas presentaciones eficaces pueden convertirle en un experto en su campo, hacer crecer su audiencia, generar contactos y aumentar las ventas.

Mejor que el folleto.

Por ello, muchas empresas siguen produciendo material impreso y folletos con el objetivo de apoyar sus actividades de venta. En algunos sectores, los folletos de productos son herramientas indispensables. Sin embargo, en muchas situaciones, lo que pretende ser una ayuda puede convertirse rápidamente en un obstáculo. Puede ser mejor sustituir los folletos, y sobre todo si acompañan a los servicios que ofrece, por material impreso que comparta lo que hace, con una herramienta útil que demuestre el valor que ofrece.

Algunos ejemplos de buenas alternativas para folletos que aprovechan su experiencia son

- Hojas de trucos, listas de comprobación o herramientas de
- autoauditoría .
- Muestrarios de productos

 Libros e informes que haya escrito o recopilado usted mismo

Estas muestras suelen regalarse a posibles clientes, tienen menos probabilidades de ser desechadas y son mucho más valiosas que los folletos. Estos ejemplos son un punto de apoyo para aumentar el conocimiento y la credibilidad de usted y sus servicios, y para mantener la conversación.

Hagamos vida social

La tecnología sigue evolucionando a un ritmo vertiginoso y mantenerse a la cabeza de esta competencia es un reto permanente para todos nosotros. El mayor cambio que he experimentado hasta ahora es la introducción y evolución de las redes sociales como herramienta de comunicación. Existen innumerables plataformas que nos permiten estar conectados con, literalmente, millones de personas de todo el mundo. Aunque son una gran herramienta para hacer crecer tu negocio, las redes sociales támbién pueden ser un campo minado de confusión para muchos vendedores. Estas redes te proporcionan las herramientas para llegar a los demás, pero también ofrecen la posibilidad de que otros lleguen a ti, te observen y emitan juicios sobre ti sin mantener una conversación física.

Medios sociales es el término colectivo que engloba plataformas como Facebook, LinkedIn, Twitter y YouTube. Estos medios están cambiando nuestra forma de comunicarnos. Estos cambios en la comunicación son drásticos y muchas personas temen el cambio. En particular, debemos desconfiar de los cambios relacionados con la tecnología.

Sin embargo, las redes sociales son poco más que el moderno "boca a boca" de., muy parecido a lo que se ha hecho siempre. Se trata de establecer relaciones con los clientes y la comunidad, entender lo que otros dicen de ti, construir tu marca y hacer crecer tu negocio.

Sumergirse en este mundo puede ser extremadamente beneficioso, pero también conlleva riesgos significativos. Independientemente de las plataformas que utilices o de la evolución de la tecnología, esta sencilla fórmula de tres pasos (.) te posicionará para un éxito de ventas sostenible utilizando las redes sociales.

1. **La primera impresión cuenta: como en el** mundo real, nunca hay una segunda oportunidad para causar una primera impresión. Tómese su tiempo para completar su perfil antes de publicarlo. Piense en su perfil como en un escaparate y confíe en que representa lo mejor de lo que es ahora y de lo que será en el futuro. Asegúrese de que toda su biografía y datos están actualizados y le representan correctamente, optimice su perfil vinculándolo a otros activos digitales que posea y rellene sus datos de contacto en todas las áreas apropiadas.

   El aspecto visual también es importante en todas las plataformas. Garantice la coherencia de la marca, el color y el estilo de redacción. Asegúrese de que los gráficos utilizados se recortan al tamaño adecuado para la plataforma y se muestran de forma eficaz en los principales dispositivos. Compruebe el aspecto en ordenadores de sobremesa, portátiles, tabletas y teléfonos móviles antes de promocionar su perfil en todo el mundo. Elige una foto que transmita con precisión la impresión que quieres lograr en tu nuevo encuentro. Como la mayoría de las plataformas están diseñadas para ser "sociales", es probable que la expresión que transmitas funcione mejor con un ser humano que con el nombre de una empresa.

2. **Construir una audiencia - Una vez que su** perfil está completo, es fácil empezar a compartir su contenido, pero puede olvidar que sin una audiencia, su contenido no tiene sentido. Tus contenidos y publicaciones importan, pero sólo si la gente te escucha. Las redes sociales son una herramienta de comunicación especialmente eficaz con las personas que te conocen, así que empieza por ahí. La mayoría de las plataformas te permiten migrar fácilmente tus contactos de otros sitios. Si las utilizas para tu negocio, el primer paso es conectar con el mayor número posible de clientes y contactos. Además, también tienes que hacer saber a la gente que participas activamente en los medios sociales utilizando todas las herramientas de comunicación que utilizas actualmente. Esto significa añadir iconos de redes sociales a la firma de su correo electrónico. y a su papelería, mencionarlo al escribir a los clientes, incluir noticias en su sitio web y añadir señales visuales en la cara del consumidor. para animar a la gente a unirse a la conversación en la plataforma que elijan. Con el crecimiento de la audiencia como acción estratégica clave, y con este objetivo únicamente en mente, considere la posibilidad de crear influencia añadiendo acciones de forma proactiva a sus actividades existentes.

Conseguir que los clientes se conecten a su perfil puede ser más difícil que simplemente pedírselo. Puede mejorar notablemente sus posibilidades organizando concursos y ofertas y recompensando a la gente por visitar su perfil o conectarse a él. Recuerde que sin audiencia, toda su actividad podría ser en vano, por lo que invertir en su público es vital para su éxito en las redes sociales.

3. **Comunicación -** Cuando se trata de contenidos, es importante recordar que se trata de plataformas "sociales". Pocas personas acceden a las redes sociales para que les vendan algo. Para que resulte interesante, la comunicación debe ser variada y mostrar humanidad. El contenido saliente siempre debe ser variado, ya que los mensajes monótonos pueden resultar aburridos y la gente dejará de escucharlos. Para mí, esto significa crear contenidos en áreas como.

- **Educativo - Demuestre su** experiencia compartiendo sus propios contenidos (.) utilizando diversos medios, como entradas de blog, infografías y vídeos. Comparta también buenos contenidos de otras empresas de su sector con información valiosa que pueda ayudar a su audiencia. Ofrecer tanto contenido creado como comisariado establece un valioso equilibrio y garantiza que tu contenido se considere un gran compañero para quienes lo comparten.

- Las redes sociales son una herramienta para iniciar y participar en conversaciones. Siga a sus clientes, proveedores y clientes potenciales e involúcrelos en sus comunicaciones salientes. Del mismo modo, cree publicaciones y contenidos que planteen preguntas y animen a otros a sumarse y unirse a la conversación.

- Entretener - Una de las principales razones por las que muchas personas dedican tiempo a seguir a otras en las redes sociales es el deseo de entretener. Cuenta más de ti mismo tal y como eres presentando tu estilo de vida, compartiendo tus experiencias y mostrando tus talentos ocultos. Y cuando encuentres algo interesante, cuéntaselo a tu red con tus propios comentarios y observaciones.

- **Vergüenza: los** fracasos **épicos** casi siempre generan más compromiso que las historias de éxito brillantes. Contar realidades embarazosas de forma desenfadada mantiene el ambiente sociable, muestra un lado de ti que no suele verse en el mundo corporativo y da a tu audiencia una idea de quién eres como persona.

prueba social

No importa lo bueno que seas si no dejas constancia de tu reputación por adelantado, donde los demás puedan verla. Vivimos en un mundo en el que los consumidores tienen el poder de hacer triunfar o fracasar a una empresa en función de cómo valoren y puntúen su oferta. Su trabajo consiste en demostrar a los futuros compradores que usted es muy competente en todo lo que hace, y facilitarles que depositen su confianza en sus manos mostrando las experiencias positivas que otros han tenido en el pasado, y que usted puede ayudarles a construir un futuro más exitoso de.

A los grandes jugadores deportivos se les juzga por su rendimiento en el pasado y los equipos contratan a nuevos entrenadores en función de sus resultados anteriores. Lo mismo ocurre cuando se buscan nuevos proveedores. Si puede demostrar que ha hecho un gran trabajo para otros en el pasado, eso sugiere en gran medida que también hará un buen trabajo para los demás.

Se trata de algo más que de guardar tus testimonios en tu sitio web, en un archivador o en una carpeta en el último cajón, junto a las cartas de tus clientes. En los tiempos que corren, la prueba social es una de las mejores habilidades persuasivas de las que disponemos, y hacer crecer nuestra prueba social se ha convertido en una parte esencial del éxito de ventas en muchas empresas modernas.. mejor valorado, valorado con cinco estrellas, premiado. y mejor. vendedor son activos que te permiten a ti y a tu oferta destacar por encima de la competencia.. Utilizar las palabras de otros y la credibilidad de terceros puede añadir profundidad sin ser egocéntrico. puede utilizarse para.

La distribución de la prueba social es importante. Antes de poder mostrarla, hay que asegurarse de que se recopila. La clave aquí es pedir ayuda. Todos estamos ocupados, así que dedicar tiempo a decir cosas agradables y amables sobre los demás no suele ser una de las prioridades.

Preguntar después de haber proporcionado un producto o servicio tiene más probabilidades de obtener una mejor respuesta que hacerlo cuando ya ha pasado el momento. Preguntar en un formato que les resulte fácil de utilizar también tiene más probabilidades de obtener mejores resultados. Hay tantas formas de reseñas, valoraciones y testimonios que si están demasiado dispersos, sus esfuerzos podrían irse al garete. Elija la plataforma que tenga mayor impacto en su negocio y empiece por crear pruebas sólidas de sus servicios allí primero.

- Los restaurantes recurren a Yelp y OpenTable.
- Los hoteles y alojamientos también pueden centrarse en
- TripAdvisor.
- El autor se basa en las reseñas de Amazon.
- Los agentes inmobiliarios pueden utilizar las reseñas de Zillow.
- Profesionales médicos en WebMD.

Los servicios profesionales pueden recurrir a LinkedIn.

Es importante saber qué activos utilizar y cómo utilizarlos para aumentar las oportunidades de venta.

Un ejemplo que he utilizado con éxito en muchas empresas es la recopilación y el uso de testimonios en vídeo. Simplemente pedirlos puede dar grandes resultados, pero es aún más eficaz si se está preparado. Puedes grabar en vídeo sobre la marcha, así que puedes actuar sobre la marcha y captar comentarios impactantes de clientes existentes en el momento perfecto para expresar su deleite con tu servicio. Prepare su equipo, tenga listas las preguntas y póngales cómodos. Es mejor tener mucho contenido para grabar que muy poco.

Si aprendes a escuchar mejor, tendrás mucho más contenido que querrás poner delante de la gente y difundir. Ejemplos de cómo otros han utilizado con éxito la prueba social para aumentar su éxito de ventas incluyen

- Testimonios adicionales de clientes para futuras referencias
- e. Presenta tu perfil de LinkedIn a quienes se pongan en contacto contigo por correo y pídeles que lean tus recomendaciones.

- . Exponga los premios y logros en zonas de gran afluencia de clientes.

Deje un testimonio en la carpeta de la recepcionista de la oficina.

- Utilizar el volumen de reseñas para aumentar la visibilidad en las búsquedas

Haz fotos de tus experiencias y publícalas en las redes sociales.

- e. Añadir testimonios en vídeo a las firmas de correo electrónico y a los documentos de propuestas

- Anime a publicar abiertamente comentarios positivos en las redes sociales

- Actualización periódica de los comentarios de los clientes en el sitio web para alinear las recomendaciones específicas de determinados servicios.

- Uso de lenguaje ajeno en materiales de marketing.

La lección de todo lo anterior es poner tu prueba social delante de tanta gente como sea posible. Enlazar directamente con la fuente del testimonio también puede aumentar la credibilidad y la validez en la toma de decisiones.. .

Guiones sencillos para conocer la opinión de los clientes

Hola (inserte el nombre), necesito un favor rápido'. (Haga una pausa y espere una respuesta positiva). Si está satisfecho con el trabajo que hemos realizado, sería de gran ayuda que nos dedicara unos minutos y nos lo comunicara por escrito...". (Muchas gracias. Naturalmente, intentaremos utilizar sus palabras en nuestro marketing y compartirlas con nuevos clientes potenciales. Esperamos leer pronto sus comentarios".

Testimonios de galardonados

Obtener testimonios es estupendo, pero también hay mucho que ganar al proporcionar testimonios. Es probable que los testimonios que crees se utilicen en el marketing de alguien, se publiquen en su espacio de trabajo o se compartan con su red de contactos.

Tómese su tiempo para reflexionar sobre sus palabras y asegúrese de que quienes entren en contacto con sus recomendaciones conozcan a las personas a las que ayuda y los problemas que les resuelve. Te sorprenderá cómo compartir el valor que has obtenido trabajando con otras personas puede hacer que sus redes se interesen más por ti.

4
Definir el proceso de venta

Conseguir que la gente se interese por ti y por tu producto o servicio es muy diferente de motivar a los compradores para que tomen una decisión. Para vender con éxito hay que entender que hay una serie de procesos que deben seguirse paso a paso si se quiere tener éxito a largo plazo (.). Quizá la forma más sencilla de concebir este proceso sea establecer un paralelismo con el juego de las citas. A las citas se suele acudir con un objetivo futuro en mente, pero comunicar este objetivo con antelación rara vez da lugar a una relación duradera y al éxito deseado. Retrasar el proceso suele precipitar el resultado.

Cuando se plantea una relación física, está claro que son necesarios una serie de pasos para que la relación progrese. Uno de los más importantes de estos pasos es siempre el posicionamiento de la relación como una "primera cita". Este elemento clave es tan esencial en el proceso de venta como en el mundo del romance.

Saber vender requiere habilidades avanzadas para ganar la primera cita. Hasta ahora, has leído sobre muchas ideas y estrategias para crear oportunidades, prepararte para dar la talla cuando llegue el momento y enfocar tu mente para impresionar en ese instante. Ahora es el momento de explicar exactamente cómo definir el proceso de creación de una decisión para mantener la conversación que te lleve a la primera venta con el comprador.

Sin conversación, es muy raro que se pueda mantener una relación duradera rentable y exitosa con un cliente. Tiempo. de reconocer que es poco probable que el proceso honorable deje de ser cierto.

- Las preguntas generan conversación.
- Las conversaciones crean relaciones.
- Las relaciones abren oportunidades.
- Las oportunidades conducen a las ventas.

El éxito en las ventas es directamente proporcional tanto a la cantidad como a la calidad de las conversaciones que se inician. Si tu objetivo es conseguir más negocio, empieza por identificar el proceso exacto para ponerte en contacto con las personas adecuadas.

contestar al teléfono

Tu trabajo como vendedor profesional es interrumpir su día lo suficiente como para descubrir retos y oportunidades de los que no son conscientes, revelarles tu credibilidad para resolver esos retos e invitarles a dar pasos significativos hacia su resolución. Una de las formas más poderosas de iniciar esta interacción es hablar por teléfono con clientes potenciales, con el objetivo de conseguir una cita o mantener conversaciones posteriores para avanzar en la oportunidad.

Si eres como yo, coger el teléfono para hablar con un completo desconocido no es lo que más te gusta hacer. Cuando se analiza con lógica la llamada en frío a , resulta fácil estar de acuerdo con algunas verdades incuestionables.

- Es muy probable que la llamada se realice en un momento
- inoportuno para la otra parte.

Es poco probable que el destinatario esté pensando en comprar su producto o servicio en ese mismo momento.

- Puede que no les guste recibir llamadas de desconocidos.
- Es molesto que interrumpas su día.

Lo anterior significa que las posibilidades de éxito en esta acción están en su contra incluso antes de empezar. Por lo tanto, a medida que juegas al juego de los números, el rechazo se convierte en la norma y tu confianza disminuye con cada llamada.

Ser profesional significa que no es necesario hacer llamadas en frío. Pensando un poco mejor, llamando solo cuando sea realmente necesario y ofreciendo soluciones consultivas, pronto podrá convertir el teléfono en su mejor amigo.

Para iniciar con éxito una llamada no programada, es importante autorizarse lo antes posible tras responder a la llamada. La estructura estándar que enseño para permitirlo sigue tres sencillos pasos

1. **Saludos - una** apertura cortés indicando **quién eres**

2. **Hechos:** pruebas innegables y mutuamente aceptables sobre las que construir una conversación.

3. **Preguntas:** preguntas fáciles de responder que den permiso para continuar la conversación.

Reflexiona sobre la lista comentada en el capítulo 1 y aprende a abrir el teléfono con más eficacia.

Amigos - Los amigos son personas con las que se mantiene contacto de forma habitual. Contactar con ellos por teléfono es algo cotidiano, por lo que descolgar el teléfono por motivos profesionales puede resultar un poco difícil.. Una forma fácil y sin rechazo de presentar tu negocio a un amigo es preguntar en tercera persona. En lugar de preguntar: "¿Conoces a alguien que pueda estar interesado? a menudo te dirán que son ellos.

Ejemplo.

"Hola, soy Phil. Has tenido mucho éxito en tu negocio y me preguntaba si podrías ayudarme a hacer crecer mi negocio."

Registros: los registros recopilados de tareas anteriores o eventos a los que se ha asistido pueden ser un motivo fácil para ponerse en contacto. Habla de lo que tenéis en común, como los eventos u organizaciones que te llevaron a obtener los registros de la persona.

Por ejemplo.

"¡Hola! Me llamo Phil Jones. Puede que no me recuerde, pero nos conocimos una vez en un acto de la Cámara de Comercio en Wisconsin. ¿Sigues trabajando en el sector de la impresión?"

Sector: ser especialista en un sector siempre es importante a la hora de hacer una llamada. El hecho de que tengas experiencia en el sector y hayas trabajado con industrias similares suele ser motivación suficiente para que quieran conocerte.

Por ejemplo.

"¡Hola! Me llamo Phil Jones y soy miembro del Hospice of the South East of England. Vi su anuncio en una revista local y pensé que podríamos ayudarnos mutuamente. ¿Qué tal os ha funcionado la publicidad hasta ahora?".

Marketing electrónico: las personas que envían sus datos para conectar con usted por Internet son clientes potenciales muy interesantes y deben ser tratados con respeto. Recuerda explicarles por qué han llegado a tu sitio web antes de describirles tu producto o servicio.

Por ejemplo.

"Hola, soy Phil. Recientemente has visitado nuestra página web buscando más información sobre inversiones inmobiliarias. He visto que ha descargado el libro electrónico. y sólo quería asegurarme de que se ha descargado correctamente."

Red de contactos - Concertar citas es **fácil** porque irá concertando pequeñas citas con todas las personas que conozca. Estas reuniones son a menudo un trampolín hacia auténticas citas de ventas.. Utilice estos eventos, en lugar de vender en ellos, para conseguir citas.

Por ejemplo.

Ha sido un placer conocerte hoy y creo que tenemos mucho que ofrecernos mutuamente. Qué día de la semana nos vendría bien para continuar esta conversación?

Directorio - Para invitar a personas de **su organización de** afiliación o directorio, debe presentarse muy brevemente. Puedes empezar la conversación hablando de la organización a la que pertenecéis y continuar a partir de ahí.

Ejemplo.

"¡Hola! Me llamo Phil Jones. He visto que está registrado como miembro de la Asociación de Almacenamiento Self. . Me he hecho miembro recientemente, ¿ha asistido a la conferencia anual?".

El mismo nombre: todos los que se te ocurran en esta sección entran en una de las categorías anteriores. Descuelgue el teléfono, inicie una conversación y vea adónde le lleva.

Sin embargo, si deja claro por qué llama y el propósito de la llamada, en lugar de limitarse a presentar su producto o servicio, la llamada será mucho más fácil, tendrá menos probabilidades de ser rechazada y mucho más éxito.

no dejar un mensaje de voz

Es probable que algunas de las llamadas que hagas vayan al buzón de voz. Mi consejo es que, en la medida de lo posible, evites dejar mensajes en el buzón de voz. Si dejas una llamada perdida, es más probable que te devuelvan la llamada que un mensaje de voz. Cuando dejas un mensaje grabado, estás cediendo el control de la conversación a la otra persona. En lugar de eso, cuelga el teléfono e intenta ponerte en contacto con ellos en otro momento, cambiando la hora del día para que al final puedas localizarlos.

Fórmula de éxito garantizado.

Un deseo común de los profesionales es dedicar todas sus actividades de desarrollo comercial a los prospectos perfectos, para poder dedicar su tiempo. a las personas que están dispuestas a comprar, en lugar de perder el tiempo. Sin embargo, a menudo se sienten decepcionados por los índices de respuesta y se dan cuenta de que no hay atajos para el éxito. Sin embargo, mi mayor preocupación con este tipo de campañas a gran escala no es que no tengan el porcentaje de éxito que esperaban, sino que, si lo tienen, la empresa no pueda hacer frente a la respuesta.

Cuando se pregunta a las personas que quieren aumentar su cartera de clientes, la tasa de crecimiento deseada en relación con el número de clientes suele ser una cifra muy sensata. En la mayoría de los casos, si puede conseguir uno o dos clientes nuevos a la semana, su éxito será revolucionario.

¿Qué aportarán 100 nuevos clientes a su empresa?

Si se toma en serio este nivel de crecimiento, existen estrategias de eficacia probada que aumentarán significativamente su capacidad para conseguir negocios y tomar el control total del proceso. En primer lugar, debe tener en cuenta tres aspectos clave a la hora de buscar clientes potenciales precalificados

1. Ya han decidido que les interesa el producto o servicio, así que se les explican rigurosamente los requisitos.

2. La gente suele ir de compras. Por lo tanto, no tiene oportunidades exclusivas.

3. Pierdes el control en la conversación porque no necesitan consultar mucho para ofrecer una solución.

Así las cosas, la tarea de convencer a los clientes potenciales de que deben hacer negocios con nosotros se hace muy difícil porque tienen demasiadas ideas preconcebidas.

Las rutas alternativas al mercado son bastante diferentes. No existe una vía rápida hacia la oportunidad perfecta y, a menudo, el ingrediente que falta para alcanzar el éxito deseado es un poco de actividad adicional y mucha dirección.

- Haz una lista con al menos 100 nombres.

- Para organizar una breve reunión entre dos profesionales, llama a tantos contactos de la lista como puedas para concertar una cita. Di que te gustaría pasar 15 minutos juntos para ver cómo podéis ayudaros mutuamente.

- El resultado deberían ser al menos 10 citas. En estas citas, primero identifique cómo puede ayudarles. A continuación, pregúnteles qué demandas tienen en su trabajo y busque soluciones sencillas. No intente vender. Lo único que busca es determinar si existe una auténtica oportunidad de negocio.

- Al menos en cinco reuniones se pondrán de manifiesto las demandas de lo que usted ofrece. En tales casos, debe decir algo como. 'En estos casos, no estoy seguro de que esto sea necesario para usted, pero ¿conoce alguien a quien pueda ayudar?'. Presentar tu negocio de esta forma no genera ningún rechazo. y el posible cliente puede responder fácilmente.

- Si lo hace así, al menos dos de sus clientes potenciales le comprarán. Pero la buena noticia es que, al hacerlo así, los que no compren normalmente le pasarán a otros potenciales. Les resulta más fácil pasar de usted que decirle por qué no quieren comprar.

Y siguen repitiendo este proceso.

- 10 reclutas
- 5 oportunidades reales 2
- ventas

El truco de este método consiste simplemente en concertar citas sin ser demasiado prescriptivo. Sí, hay que mantener muchas reuniones. Pero si dos nuevos clientes a la semana pueden transformar su negocio, conseguir 10 citas semanales merece la pena. Suelen llevar menos de una hora y puede que descubras que solo 10 horas a la semana son tu mejor inversión.

mostrar preocupación

Se puede aprender mucho sobre atención al cliente, pero la mayor parte consiste en ofrecer un servicio excelente una vez que se ha conseguido un cliente. Si trata a cada cliente potencial como a su "mejor" cliente, hay muchas posibilidades de que pronto se convierta en su mejor cliente.

Estamos seguros de que muchos de los regalos más memorables que ha hecho en su vida han sido considerados y emotivos, en contraposición a un gran desembolso económico. Ganar clientes está estrechamente ligado al romance con su pareja. Algunas acciones sencillas que puede llevar a cabo conscientemente son.

- Elogie y alabe a la otra parte.
- Proporcionar apoyo en momentos de necesidad.
- Recuerde sus fechas y acontecimientos clave.
- Ofrezca actos de bondad al azar.
- Cree una introducción que sea valiosa para ellos.
- Recuerda la gratitud adecuada.
- Abre las puertas a los demás.

Hemos proporcionado y experimentado muchas ideas y campañas para captar la atención de clientes y clientes potenciales, y hemos descubierto que hay algunas ideas muy prácticas que son fáciles de aplicar y dan buenos resultados año tras año. A medida que el mundo adopte las comunicaciones digitales, éstas serán cada vez más eficaces. Quería encontrar una forma de comunicación que entendiera que "la intención es lo que cuenta", que garantizara la recepción de mi mensaje y que tuviera impacto y produjera resultados.

Como resultado, la herramienta de comunicación que he desarrollado es nada menos que una tarjeta escrita a mano.

Esta sencilla tarjeta, impresa y plegada en alta calidad. , me ha reportado miles de dólares en ingresos como herramienta universal para comunicarme con clientes potenciales.

Los criterios de éxito de las tarjetas que produce mi empresa son los siguientes

- El interior de la tarjeta está en blanco, por lo que se puede insertar un mensaje escrito a mano.
- En el reverso figuran los datos básicos de contacto.
- En el anverso de la tarjeta figura un mensaje intemporal y universal.
- Los sobres son de colores vivos.

La dirección del sobre está escrita a mano.

Sus usos son infinitos, y no importa qué tarjeta envíes, siempre te ganarás su corazón.

Algunos ejemplos de uso de tarjetas son.

- Semillas de conversaciones telefónicas con posibles clientes.
- Seguimiento de las conversaciones de ventas que no conducen a conversiones

Aprecio por las impresiones positivas de las personas conocidas a través del trabajo en red.

- Enhorabuena por ser testigo del éxito.
- Agradecimiento por el pedido
- Agradecimiento por la remisión

Véase, por ejemplo, la tarjeta que envié hace poco para conseguir una oportunidad muy importante.

Querido David.

Llevo mucho tiempo admirando su empresa y el excelente trabajo que hacen. Creo que tengo mucho que aportar al éxito futuro de su empresa y me gustaría seguir hablando con ustedes. En breve me pondré en contacto con ustedes para hablar de cómo podemos trabajar juntos.

Muchas gracias.

rellene

Otra diferencia importante entre las tarjetas y las cartas es que las primeras se exponen de pie, mientras que las segundas se archivan. Por ello, una puede ser una herramienta que genere referencias para su empresa, mientras que la otra tiene un impacto muy limitado.

Selecciona un aliado

El aspecto más importante del éxito de las actividades de venta es la captación de nuevos clientes. Encontrar nuevos clientes potenciales puede ser un proceso tedioso y solitario. Una forma de acelerar este proceso y compartir la responsabilidad de encontrar nuevos clientes es asociarse con otros profesionales de. que tengan una clientela similar a la suya y puedan presentarle a sus redes en lugar de a sus competidores directos.

La ventaja de estas asociaciones es que aceleran la visibilidad ante nuevos grupos y aumentan aún más la credibilidad de terceros (.). Estas asociaciones permiten pasar de la búsqueda individual de nuevos clientes a la capacidad de buscar múltiples clientes.

Este enfoque forma parte de todas las campañas de crecimiento empresarial que he llevado a cabo personalmente o con clientes. Esta lección se aplicó mejor cuando desarrollamos nuestro negocio inmobiliario. .Teníamos un producto de inversión inmobiliaria que era una alternativa a las rentas vitalicias. Este producto exigía a los clientes una inversión razonable del tamaño de. para obtener considerables beneficios a largo plazo. Utilizar la publicidad tradicional y los medios digitales para encontrar vendedores de este producto era incoherente y producía resultados muy impredecibles.

Esto nos llevó a buscar otras formas de llegar a nuestros clientes potenciales ideales. .Como resultado, quedó claro que muchos de nuestros clientes potenciales eran empresarios de éxito y hombres de negocios bien pagados, que ya eran clientes valiosos para asesores financieros, contables y abogados. Esto nos llevó a cambiar por completo nuestro proceso de ventas, formando innumerables pequeñas asociaciones con estos profesionales y presentándonos a su clientela, lo que nos permitía controlar el resultado. Imagínese la diferencia que supondría para su negocio recibir docenas de reservas basadas en recomendaciones personales.

Esto puede conseguirse siguiendo unos sencillos pasos.

- **Definir el mercado objetivo:** averiguar exactamente quién es el cliente ideal y cuáles son sus hábitos de consumo actuales.

- **Identifique posibles sectores asociados:** considere todos los posibles proveedores de productos y servicios con los que ya tenga una relación de confianza en el mercado objetivo.

- **Haz una lista: enumera los** nombres y datos de contacto de las personas de la organización **con las que te gustaría hablar.**

- Las alianzas estratégicas de **éxito** sólo funcionan si ambas partes se ven recompensadas por sus esfuerzos. Las recompensas económicas son sólo una forma de motivación, así que considere qué más puede ofrecer. La experiencia, los datos y las referencias son muy valiosos.

- **Concierte citas y establezca relaciones:** reúnase cara a cara con las personas a las que quiere que le recomienden a usted o a su empresa. La gente prefiere que le presenten a personas, no a organizaciones. También es más gratificante para la persona que hace la recomendación.

- **Buscar la primera acción -** Cuando se habla de posibilidades de alianzas, es fácil entusiasmarse con el panorama general. Cuando esto ocurre, a la idea "le crecen piernas" y rápidamente se convierte en un gran trabajo. La experiencia demuestra que si se hace un cambio demasiado grande, no ocurrirá nada. Así que empiece con algo pequeño. Yo suelo buscar sólo la primera introducción.

- Cuando reciba recomendaciones, comprenda que le están confiando el activo más valioso de otra persona. Actúa en consecuencia y comunícate con el recomendante en todo momento.

- Decir "gracias" - Dos de las palabras más bonitas de la lengua inglesa son "thank you". Sea cual sea el resultado, tómese su tiempo para agradecer sinceramente la carta de recomendación que le entreguen.

- Cumplir en exceso: sea lo que sea lo que hayas prometido a la **persona que te ha recomendado,** debes cumplirlo en exceso. El objetivo principal es conseguir que la persona recomendada le dé las gracias por la recomendación. Si consigue este resultado, puede esperar más referencias.

Adopte medidas hoy mismo para crear alianzas sólidas pensando en quién le aportará un negocio estable.

Algunos consejos rápidos.

La importancia de mantener conversaciones periódicas con los clientes potenciales se ha mencionado muchas veces en este capítulo. Sin embargo, es más fácil decirlo que hacerlo y conseguir su tiempo no siempre es fácil. Además de las técnicas ya mencionadas, he aquí tres estrategias prácticas para ganar citas.

valor tiempo

Un error que cometen muchas personas cuando intentan conseguir una cita es pedir demasiado tiempo o parecer demasiado ocupadas. Los responsables de la toma de decisiones suelen dejarse influir por la curiosidad, así que si pareces ocupado y solicitado, estarán más motivados para conocerte y no perderte. A la hora de concertar una cita, es más probable que consiga una cita más breve si sugiere una hora en la que la reunión no dure demasiado: si sugiere después de las 10 de la mañana o de las 8 de la tarde, les resultará más fácil encontrar el momento. Si se especifica una franja horaria, la gente tiende a asumir que está obligada a quedar a esa hora.

Dos versiones Sí.

Ya ha comprendido la importancia de tomar la iniciativa en la conversación: presentando dos fechas y preguntando "¿Qué le viene mejor?" conseguirá que se comprometan a una de las dos citas o sugerirá una alternativa, lo que dará lugar a una cita.

La cita garantizada Siempre habrá momentos en los que conseguir una cita parezca inalcanzable. Una forma muy especial de garantizar una cita en cualquier entorno de empresa a empresa es hacerse cliente de la empresa con la que le gustaría trabajar. Convertirse en cliente de la empresa le hará mucho más valioso para ella, que estará encantada de trabajar con usted.

Esto significa que merece la pena examinar su lista de proveedores para ver quiénes podrían ser sus clientes. Si consigue convertir a sus proveedores en clientes, podrá establecer relaciones muy valiosas.

5

Disfruta del momento.

El tiempo dedicado a la comunicación directa con los clientes potenciales tiene el potencial de ser el más gratificante de los invertidos en un negocio. Trabajar duro para crear estas situaciones significa que hay que tener en cuenta todos los factores que hacen que ese momento sea un éxito. Un gran producto o servicio no se vende solo. Ante la oportunidad de ganar negocios, hay que tratar de evaluarla correctamente y aprovecharla al máximo. Este capítulo presenta estrategias, herramientas y técnicas que le ayudarán a convertir más contactos en contratos.

¿Quién tiene el control?

Una queja habitual contra los vendedores es que son prepotentes. Esta opinión suele ser el resultado de un seguimiento agresivo. y puede evitarse por completo si se adopta un enfoque más profesional. Si toma el control del proceso de conversación, rara vez sentirá la necesidad de perseguir o hacer un seguimiento. En caso de que se encuentre en una situación que requiera un seguimiento, hay formas de recuperar ese control de manera oportuna y cómoda.

El éxito en el proceso de venta depende de la capacidad para controlar la conversación y guiar los pensamientos y acciones del comprador. El objetivo del juego es controlar al cliente potencial a través de la secuencia de acontecimientos que van desde la consulta hasta la toma de decisiones, para obtener el resultado correcto en el laberinto y mejorar su situación. Un error común que cometen muchas personas es intentar engañar a las prácticas probadas mediante el seguimiento rápido. Piensan que los clientes potenciales se deciden a comprar sólo por el precio, así que hacen un presupuesto en cuanto reciben una consulta. Luego acaban negociando el precio, enzarzándose en una venta rápida o, en el peor de los casos, terminando la conversación en completo silencio. A menudo, los clientes intentan tomar una decisión basándose en el valor global que usted ofrece, no solo en el precio.

Uno de los aspectos más importantes del valor que ofreces es quién eres, el toque humano. Puedes controlarlo ralentizando la conversación y conociéndote un poco mejor.

Comprenda que las personas compran a personas y empiece por establecer una buena relación; así evitará situaciones de seguimiento difíciles.. Si es posible, reúnase cara a cara. Durante esta reunión, haga preguntas para establecer una buena relación y obtener la información que necesita para recomendarlos a clientes potenciales. Sin embargo, en este momento se pueden cometer errores simples.

Haz preguntas y escucha. Evita el exceso de comunicación y averigua todo lo posible sobre su situación.

Uno de los mejores consejos que recibí como joven representante de ventas fue la importancia de escuchar. Las buenas preguntas son esenciales, pero si no escuchas ni aprovechas las respuestas, no sacarás el máximo partido de las oportunidades que se te presenten. Ser un gran vendedor no implica ser "simplista" o "saber todas las respuestas". El éxito se maximiza haciendo preguntas excelentes y escuchando las respuestas.

Escuchar es una palabra interesante que consta exactamente de las mismas letras que *silencio*. Se trata de permitir que los clientes potenciales sigan compartiendo información sin decir nada. Tómese el tiempo necesario para escuchar y tomar notas. Escuchando de verdad, podrá adaptar sus sugerencias a sus necesidades e identificar innumerables oportunidades, tanto ahora como en el futuro.

El objetivo es estar en condiciones de dar sus recomendaciones en persona, en lugar de por correo electrónico o correo electrónico. . Esto significa que si no está en condiciones de dar sus recomendaciones en la primera cita, debe concertar una reunión para discutir sus conclusiones antes de marcharse y ponerse en situación de controlar la siguiente conversación Conseguir una segunda cita entre la primera cita es mucho más fácil que averiguarlo.

Cuando vuelvas con tu propuesta, empieza por reconstruir el valor de la posición tal y como estaba al final de la última reunión. Tras reconfirmar los requisitos del cliente, le explicas cómo puedes ayudarle y te aseguras de que puedes ofrecerle una buena relación calidad-precio. Tu papel es proporcionar al cliente toda la información que necesita para tomar una decisión y dar el siguiente paso.

Si la decisión se toma en el acto, se elimina la necesidad de seguimiento.. Upcalling. El tiempo invertido en controlar este proceso le proporcionará un gran retorno de la inversión en forma de mayores tasas de conversión y menos tiempo dedicado a perseguir una decisión.

Aunque el objetivo es siempre obtener las decisiones en persona, es casi seguro que habrá casos en que esto no sea posible. Su objetivo es participar en una conversación en la que se compartan las decisiones. Si no es posible una reunión cara a cara, puede recurrirse al teléfono o a la videoconferencia. A veces, sin embargo, puede verse en la necesidad de enviar una oferta de servicio y luego hacer un seguimiento para facilitar una venta. Si este es el caso, siga estos sencillos consejos para mejorar los resultados de su seguimiento.

- No deje mensajes en el contestador. Si deja un mensaje, no podrá volver a llamar al número.

- Al principio de la convocatoria, confirme si se han recibido sus referencias (no "presupuestos" ni "propuestas").

- "¿Qué preguntas tiene?" Pregunte. Las respuestas que den aquí te devolverán a la iniciativa. Si hacen alguna pregunta, tus respuestas conducirán a una decisión. Que no haya preguntas significa que se ha tomado una decisión.

- Si la comunicación inicial fracasa, intente otro enfoque. No acose.

- Si te merece la pena, puedes ir a verlos en persona.

- Acepte su oferta haciéndola depender del tiempo. Es como decirle a un niño que si tiene que deshacerse de las sobras de la cena, no tendrá postre. Limitar tu oferta tiene el mismo resultado.

Recuerde que la principal razón por la que la gente no le compra es porque sigue indecisa. Todos los que están indecisos algún día se decidirán, así que si su seguimiento sigue siendo improductivo, no se detenga. Incluya a estas personas en su lista NNT (No, hoy no), hable con ellas con regularidad, añádalas a sus boletines informativos y anótelas en su agenda para volver a visitarlas en el futuro. En algún momento, sus circunstancias pueden cambiar y necesitar tu ayuda. Este tipo de persistencia ha dado sus frutos a muchas personas en el pasado y estamos seguros de que seguirá dándolos en el futuro.

Fácil Primero Sí

Tomar grandes decisiones puede ser difícil. Conseguir que los clientes tomen una decisión lleva tiempo, es laborioso y complejo. Cuando los clientes buscan un nuevo proveedor, tienen que tomar muchas decisiones, pero quizá la pregunta más importante sea "¿Por qué usted?". Rara vez se responde a esta pregunta antes de haber tomado una decisión.

.Las referencias, los testimonios y las experiencias de terceros pueden ayudar a los consumidores a sentirse más seguros a la hora de elegirle, pero aun así, las decisiones que implican cambios importantes pueden ser un proceso difícil para ellos. .Imagínese que estuviera a punto de cambiar a un proveedor con el que ha establecido una relación de confianza a largo plazo, o que surgiera una necesidad urgente para un proyecto importante. Y cuanto mayor es la decisión, más difícil resulta.

Sin embargo, hacer que el primer paso sea sencillo a menudo puede acelerar la toma de decisiones. y atraer a más clientes nuevos. Utilicemos este sencillo ejemplo para ilustrarlo. Probablemente haya cenado en restaurantes, y el sector está lleno de ejemplos de primeros sícs fáciles. Intentan vender a cada cliente una bebida, un entrante, otra bebida, un plato principal, otra bebida, un postre y un café para asegurarse el máximo valor de transacción por mesa. En lugar de añadir primero estas decisiones, venden primero las reservas de mesas y luego las ofertas clave para llenar esas mesas. Saben que, una vez ocupada la mesa, tienen más oportunidades de vender comida y bebida en distintos momentos de la estancia. Al hacerlo, piense detenidamente si está intentando vender todas las comidas a la vez.

Como ocurre en los restaurantes, es difícil decidirse por los postres hasta después de haber servido la comida principal.

Un gran ejemplo de un primer SÍ sencillo es la primera transacción con un precio bajo. que convierte a los clientes potenciales en clientes de forma rápida y sencilla.

- Realización de auditorías de bajo coste previas a la reconstrucción del sitio. Desarrolladores de sitios web
- Contratos de mantenimiento antes de los precios fijos. paisajistas que ofrecen cuidado del césped
- Trabajadores de la construcción que realizan pequeñas reparaciones y trabajos útiles antes de dar presupuestos para proyectos de mayor envergadura.
- Un censor jurado de cuentas ayuda con la declaración de la renta y proporciona apoyo continuo en la planificación financiera.
- Representantes de venta directa que presentan sus productos e invitan a la gente a unirse a su negocio.

Por seguir con la analogía del juego de las citas, es lo mismo que pedirle a alguien que se vaya de vacaciones contigo antes de pedirle que se vaya a vivir contigo.

Al dividir las grandes decisiones en pequeños pasos, a menudo puede obtener decisiones muy rápidas de los clientes potenciales, dejar que experimenten trabajando con usted y dar un paso. codo con codo con todos sus competidores convirtiéndose en una elección fácil.

¿Qué se vende?

En la industria médica se suele decir que "recetar antes de diagnosticar es negligencia médica". Imagínese que visita a su médico y, sin hacerle una sola pregunta, empieza a explicarle lo estupendo que es ese nuevo medicamento y le recomienda que lo tome dos veces al día. Probablemente te sentirías un poco confuso y menos seguro de seguir la recomendación del médico.

En cambio, si un médico te examinara, conociera tus síntomas, te hiciera algunas pruebas y te sugiriera exactamente lo mismo, tendrías más confianza en seguir sus consejos.

Mi definición personal de la venta es "ganarse el derecho a recomendar". Esto significa que nunca se debe presentar una oferta de un producto o servicio sin haberse identificado previamente, razón centrada en el cliente. . El marco para recomendar algo a alguien debería ser siempre "Por el hecho de que usted ha dicho ABC, le recomendamos lo que es XYZ". Esta estructura significa que la mayoría de las conversaciones de ventas se centran en que reúnas pruebas que respalden tu recomendación.

Prod the Blues.

Las preguntas son muy importantes para dejar de adivinar y asegurarse de que se gana el derecho a recomendar su producto o servicio. Normalmente, la razón por la que no se aprovechan al máximo las oportunidades de venta es que faltan preguntas o son inadecuadas.

Teniendo en cuenta que las personas toman decisiones de compra basadas en la emoción más que en la lógica, es de vital importancia conseguir que los clientes potenciales compartan sus emociones durante el interrogatorio. Un enfoque probado en casi todas las oportunidades de venta consiste en seguir esta sencilla técnica de interrogatorio en tres pasos (.).

1. **¿Cuáles son sus planes para...?** Empiece con una pregunta amplia que anime al comprador a compartir su visión de futuro. En mi negocio, suelo empezar de forma muy sencilla diciendo: "Explíqueme el plan para la empresa". Esta pregunta suele dar lugar a una comunicación de 15 minutos que ofrece una visión más completa, incluidos los objetivos de la dirección. Es importante no hacer la pregunta amplia y específica. El producto que ofrezca sólo afectará a una parte del plan. Sin embargo, si no lo entiende todo, será difícil comprender dónde está su parte del plan. Otro factor de esta pregunta inicial es saber que la mayoría de las personas son

optimistas sobre su futuro y creen que estarán en un lugar mejor que donde están ahora. Si basas tu recomendación en su éxito futuro, podrás pensar en grande y ellos podrán actuar con más valentía. A lo largo de esta serie de preguntas, intenta buscar primero el "qué" y luego el "por qué". Si el plan incluye algún lujo, sea específico al respecto, ya que puede ser una información muy valiosa a la hora de cerrar el trato.

2. **¿Cómo se sienten...?** Una vez que sepa adónde van, es importante saber cómo se sentirán cuando lleguen. Esto es fácil: basta con preguntar... Y lo único que hay que hacer es escuchar. Para llegar a las emociones reales que hacen que esta técnica sea realmente poderosa, hay que estar preparado para profundizar un poco más. El objetivo es evocar emociones extremas, como el orgullo o la felicidad. Utiliza adjetivos fuertes y no aceptes respuestas simples como "me sentiré bastante bien" o "de acuerdo".

3. **¿Cuáles son las consecuencias de no hacer lo siguiente?** Los pasos 1 y 2 son positivos y edificantes y también proporcionan la base y el contrato para crear impacto en esta tercera parte. A muchas personas les motiva mucho más evitar las pérdidas que las ganancias. Al hacer que los clientes potenciales consideren honestamente los aspectos negativos de no alcanzar sus objetivos de una forma diametralmente opuesta a sus pensamientos y sentimientos previos, puede proporcionar una poderosa plataforma para su propuesta. Como muchas personas no reflexionan lo suficiente sobre el fracaso, plantear esta pregunta les obliga a pensar en ello. Una vez que visualicen el fracaso, se esforzarán mucho más por evitarlo.

Esta técnica funciona ayudando al cliente potencial a planificar, detallando sus éxitos en la consecución de su plan y visualizando el dolor del fracaso. A menudo lo describo como pintarles un cuadro utópico, comprobar sus sentimientos, encontrar su dolor y empeorarlo un poco. La buena noticia es que, después de insistir lo suficiente, la presentación debería ser el ungüento perfecto para esa herida y, si se hacen bien estos procesos, se ganará más negocio.

Las buenas preguntas permiten dejar de vender y empezar a recomendar.

Facilitar la compra

La principal tarea de un vendedor es conseguir que los clientes compren productos y servicios. A menudo me refiero a los vendedores como "creadores de mentes" profesionales . uppers". Si quieres ayudar a tus clientes potenciales a tomar una decisión, tienes que analizar detenidamente tu proceso y asegurarte de que haces todo lo posible para que la compra resulte indolora. Considere todas las barreras que existen para hacer negocios con usted y trate de eliminarlas. Revise sus procesos de papeleo, estructuras de precios y procesos de implementación y haga todo lo que pueda para simplificar y eliminar esfuerzos innecesarios a los consumidores.

Las tiendas en línea condicionan a los compradores con la sencillez de "un clic para comprar" y formularios que pueden rellenarse desde la memoria del ordenador en segundos.
Elimine barreras y haga todo el trabajo posible por ellos. Añadir un factor de riesgo compartido con los clientes también significa que puedes ganarte su compromiso con menos resistencia.

Ejemplos de inversión del riesgo

- Dinero. Garantía de devolución
- período inicial de gratuidad
- Si no tiene éxito, no se cobra ninguna tasa.
- Sin contrato
- Resultados garantizados.
- Condiciones de pago atractivas.

Si quiere más negocio, elimine todos los obstáculos del proceso de compra y siga creando su propia suerte.

sujetar una cinta

Cuando se presta un servicio en lugar de un producto, muchos clientes pueden evitar la consulta porque no saben lo que quieren, no saben cuánto deben pagar o no quieren sentirse confundidos o avergonzados. Puede ser muy beneficioso para los proveedores de servicios pensar más como minoristas. Si regenta una tienda que vende productos sin etiquetas de precio, los clientes que le vean en la tienda pueden pensar que todo es caro y no consultarle por miedo a pasar vergüenza.

Imagine de nuevo que es usted un minorista. Su objetivo es animar a la gente a entrar en su tienda y aumentar el número de visitantes. Las empresas de servicios (.) tienen el mismo objetivo, y usted puede facilitar que sus clientes hagan negocios con usted utilizando tres sencillas técnicas.

1. **Cartilla de precios: un** ejemplo de servicio en forma de estrategia total de precios explicada al cliente. Una gran cadena de supermercados podría utilizar un producto virtuoso, mientras que la industria automovilística podría utilizar un modelo de coche. Este proceso puede educar al público sobre la estrategia global de precios tomando una instantánea de un servicio y poniéndole un precio. Enorgullecerse de este precio demuestra el valor que usted cree que ofrece y da a los clientes una idea de su posición en el mercado.

   Algunos ejemplos son.

   ○ Servicio de contabilidad que ofrece tres niveles de servicio por una cuota mensual fija.

   ○ 1. Empresa de limpieza doméstica con tarifas fijas para pisos de un dormitorio

   ○ Que los agentes inmobiliarios cobren una tarifa fija por los
   ○ anuncios de pisos.

   Los arquitectos fijarán el precio de los planos aprobados para la ampliación.

- Los peluqueros fijan los precios de los cortes de pelo. out

Estas sencillas sugerencias de precios en. permiten a la gente decidir si pueden permitírselo, proporcionan un punto de referencia para las variaciones y dan a los compradores la confianza necesaria para mantener una conversación con usted sin miedo a pasar vergüenza.

2. **Ofertas combinadas: el valor** es sólo una percepción. Agrupar los componentes de su oferta de servicios puede demostrar su valor mucho más claramente en la mente del comprador. Los compradores no pueden evitar juzgar su valor cuando pueden relacionar claramente los cálculos de tiempo por dinero.

Esto puede deteriorar las relaciones comerciales. Crear una colección de bienes y servicios puede demostrar un mayor valor, aumentar el valor medio de las transacciones y ofrecer un servicio más completo a los clientes.

.Considere todo lo que puede incluir, no sólo servicios y productos concretos, sino también elementos de valor añadido como la atención al cliente, las expectativas de servicio y la asistencia telefónica o por correo electrónico.

Algunos ejemplos son.

- Agencia de diseño que agrupó una serie de servicios como "business-in-a-box" para la creación de nuevas empresas, incluido el diseño y la producción de un juego completo de papelería, un sitio web básico y un paquete de directrices de marca. .

- Un distribuidor de salud y nutrición combina algunos de los productos más vendidos de. para crear un set de mimos y una cesta de regalo para un evento del calendario.

- Lugares de celebración de bodas que ofrecen servicios por un precio fijo (.), incluidos comida, bebida, fotografía y entretenimiento.

3. **Cuotas mensuales: a la mayoría de la gente le interesan más** las cuotas mensuales que el precio total. Tanto a nivel personal como profesional, suelen tener en cuenta los gastos mensuales. Ofrecer un servicio que se adapte a sus hábitos de compra puede facilitar la toma de decisiones.

Por lo general, si puede convertir un·producto o servicio que paga grandes comisiones de demora en una opción de pago sostenible. mensual, el resultado será un aumento de los beneficios, una mejora del flujo de caja y la máxima retención de clientes. Si no ofrece paquetes de pagos. mensuales a sus clientes, es muy posible que esté perdiendo una gran oportunidad.

Algunos ejemplos son.

- ○ Pagado. Opción de venta a plazos mensuales para productos de
- ○ alto valor .

Abogados que ofrecen planes de servicio mensuales con niveles de servicio acordados.

- ○ Un entrenador personal empaqueta servicios mensuales y crea una cuota mensual.

Empaquetando sus servicios y ofreciendo planes de pago mensuales, puede atraer a nuevos clientes y generar unos ingresos constantes y recurrentes.

elegir las palabras

Si conoce mi libro anterior, *Exactamente lo que hay que decir,* ya sabrá la importancia de utilizar las palabras adecuadas en el momento oportuno para *conseguir los resultados adecuados.* Sí, las palabras importan. Del mismo modo que las palabras adecuadas pueden conducir al éxito en las ventas, hay muchas palabras que tienen exactamente el efecto contrario.

El peor momento para pensar en lo que dices es el momento en que lo dices. Te animo encarecidamente a que aprendas más sobre el poder de tus palabras. La diferencia entre que alguien te elija, alguien como tú o nada en absoluto depende muy a menudo de que sepas exactamente qué decir, cuándo decirlo y cómo hacer que importe.

Teniendo esto en cuenta, quizá sea importante que intentemos ser más conversacionales. En lugar de explicar lo que hay que decir, veamos algunos de los errores que la gente tiende a cometer y que pueden repercutir negativamente en su éxito de ventas.

Explore el impacto de sólo siete opciones de palabras independientes que entran en sus conversaciones cotidianas. Si puedes eliminarlas, sustituirlas o cambiarlas, o al menos entender lo que hacen, tendrás más control sobre tus resultados.

si

La primera palabra es una simple 2. , una palabra que ayuda a la gente a determinar si están en su bando o no, si creen en usted o no, si piensan que es para ellos o no.

Las dos palabras de. letras en cuestión son "si". De niños, aprendimos a hablar entendiendo primero los objetos. Luego los veíamos como imágenes y asociábamos cada imagen con un sonido, o palabra hablada. Las palabras que producían los sonidos nos permitían decirle a alguien que queríamos el objeto. Una vez que entendíamos los sonidos, entendíamos las palabras y, finalmente, éramos capaces de escribirlas.

Como adultos, hacemos exactamente lo contrario. Cuando vemos una palabra en un papel o la oímos en una conversación, lo siguiente que hacemos es grabar en nuestra memoria la imagen asociada a esa palabra. Las imágenes son el motor de la toma de decisiones. Todo el mundo decide hacer algo que ha pensado hacer, al menos una segunda vez. Esto se debe a que primero decidieron hacerlo en su mente, antes de pasar a la acción.

La palabra 'si' crea una elección". La palabra 'si' crea una pregunta y cuando la gente se enfrenta a una pregunta, decide en qué lado de esa pregunta quiere aterrizar. Así que lo que estás haciendo cuando utilizas la palabra "si" en tus conversaciones de ventas es crear condiciones. La gente ve una imagen de las condiciones que presentas e instantáneamente deciden en qué lado de esa condición quieren estar.

He aquí un ejemplo. Supongamos que le dices a alguien: "Si vuelcas ese vaso, el vino podría manchar la alfombra". La otra persona te juzgará instantáneamente en función de su probabilidad de ser torpe y aceptará o rechazará tu información. El consejo que ofreces tiene un 50% de probabilidades de ser adoptado.

Al sustituir la palabra "si" por la palabra "cuándo", creas una respuesta completamente diferente y, como resultado, sólo pueden ver los puntos en tu mente. Es mucho más probable que actúen siguiendo los consejos que compartes.

La lección de este ejemplo es aún mayor de lo evidente. En lugar de hablar en términos futuros o condicionales de "si", cambiar la conversación al presente de "cuándo" puede aumentar enormemente las probabilidades de éxito.

sin embargo

La segunda palabra es una que se utiliza mucho en muchas conversaciones, incluso contigo mismo y con tu equipo, y que ha hecho mucho daño. Esa palabra es "pero". Piense si alguna vez ha oído esta palabra en una conversación. Probablemente haya recibido comentarios seguidos de un "pero" antes de recibir un elogio o un reconocimiento. Sin embargo, la única parte que recuerda con claridad es la que sigue a la palabra "pero". Esta palabra casi niega lo que se dijo antes de ella, asociándola sólo con malas noticias. Cambiarla por "pero" sólo añade más sílabas y no tiene ningún sentido.

Sustituir "pero" por "y" significa que toda la información es correcta.

Por ejemplo.

"Queremos trabajar juntos y podemos ver cuáles son los beneficios, pero tenemos que hablar de verdad sobre el precio".

"Nos encantaría trabajar con ellos y vemos las ventajas que pueden ofrecernos, así que sólo nos queda hablar del precio".

Estos dos ejemplos dicen casi lo mismo. Sin embargo, el primero está plagado de conflictos, mientras que el segundo contiene mucha cooperación.

Sustituyendo "pero" por "y", tu conversación será más inclusiva y conseguirás más de lo que quieres.

coste

Esta tercera palabra tiene el poder de hacerme retorcer y debería estar prohibida en todas las conversaciones comerciales del planeta. Muchas de las cuatro. palabras de la letra "C" son inapropiadas en público y esta palabra es la que más daño hace. ¿Qué opina del coste en su vida? ¿Es bueno o malo? En la mayoría de los casos, el coste en tu vida es lo que ves como algo malo. En el momento en que etiquetas el valor que intentas aportar a tus clientes como un coste, destruyes instantáneamente ese valor que has construido y vinculas tu oferta a una descripción que significa dar dinero por menos a cambio.

Supongo que si pide que le paguen por sus productos o servicios, está pensando en ofrecer a sus clientes algo a cambio. Tal vez un ahorro de tiempo, una ganancia económica o simplemente una experiencia valiosa: sean cuales sean estas contrapartidas, las etiquetas que puede poner a su oferta variarán. Si ofrece algo a cambio de un pago, podría llamarlo inversión. En general, la gente se siente mucho más orgullosa de una inversión que de un coste. Mi consejo es que cambies la terminología de "coste" a "inversión" cuando hables con los clientes. Cuando cambias la forma de llamarlo, la gente lo percibe de otra manera.

nosotros

. Es una de las palabras más utilizadas a la hora de describir su rendimiento laboral, su carrera hasta la fecha y sus características únicas que le posicionan como la opción número uno. Esta palabra aparece en los materiales de venta, en los sitios web y en el lenguaje hablado. La palabra es *Nosotros, y* su uso masivo abarca literalmente a todos sus clientes, ya que usted es literalmente "nosotros". .

Cuando habla en términos de "nosotros", el principal beneficiario de la información y del apego a la recepción de los resultados sigue siendo la persona con la que se comunica. Es poco probable que la palabra "nosotros" estimule su comportamiento porque estás hablando en términos de tus intereses, no de los de tus clientes o posibles clientes. Intente reposicionarse lo más a menudo posible. Si ve o escucha la palabra "nosotros", cámbiela por "usted".

Cuando dices cosas como "Lo que ofrecemos es un completo programa de formación con una garantía de 3 años, un plan de servicio y una amplia garantía", esto sostiene que eres el propietario de lo que buscas que compren. Sustituya el beneficiario y active la frase. En lugar de "lo que ofrecemos", diga "elegirnos significa que usted...". Esto lo lleva en la dirección de 'significa que usted se beneficia de...'.

No debe tratarse de lo que "nosotros" ofrecemos cuando se supone que la otra parte eres "tú". Cuando haces que el cliente se apropie de tu producto o servicio a través de las palabras, y luego le seduces para que acepte tu oferta, es mucho más probable que siga adelante.

precio elevado

Aunque es poco probable que usted mismo utilice este término, es probable que los clientes lo utilicen al describirle a usted o a sus servicios y debería recalibrarse rápidamente para evitar daños innecesarios. Si los clientes y posibles clientes le tachan de "caro", será casi imposible que vean su producto o servicio como algo que comprar.

El término en sí sólo puede existir en relación con otra cosa y requiere comparación. Utilizar el término significa que sus compradores ya han emitido un juicio sobre el precio que usted ofrece y la etiqueta que le han puesto está fijada en algún otro dato existente. Por ejemplo, puede preguntar: "¿Es caro un Rolls-Royce? Comparado con la mayoría de los vehículos de Ford, sin duda lo es. Sin embargo, comparado con un Bugatti, el Rolls Royce es en realidad uno de los más baratos. En lugar de llamar caro a algo, desplacémoslo, cambiemos las palabras o llamémoslo de otra manera. Para quienes califican el nuestro de caro, hablemos de él como una opción premium.

Comprar opciones "caras" puede hacerte sentir que has hecho un mal negocio. Optar por la opción 'premium' puede hacerte sentir que te informas en el regazo del lujo.

bajo precio

La siguiente palabra al otro lado de la valla es *"barato"*. Si alguien describe algo como barato, la palabra que sigue a "barato" no es algo que usted quiera asociar a sí mismo, a su empresa, a su producto o a su servicio. Así que prohibamos también la palabra barato. Algunos de nuestros productos pueden ser más baratos que nuestros productos premium, pero eso no significa que sean baratos. Pero nunca significa barato.

En estos casos, sustituya la palabra "barato" por la palabra "valor" o "esencial". Permita que los compradores se sientan orgullosos de su compra de nivel de entrada ..

problema

Hablar a los demás de los "problemas" que ves puede hacerte ganar tantos amigos como decirle a alguien que tiene un bebé feo.

Poner estas etiquetas a las circunstancias de otras personas puede hacer que los compradores se sientan a la defensiva, lo que puede llevar a situaciones ruinosas. En realidad, existe un fuerte sentimiento de implicación en la creación de lo que se etiqueta como "problema", y un sentido de la responsabilidad que probablemente les lleve a apoyarlo.

Los retos pueden superarse. Son obstáculos con los que se puede interferir, pisar, hacer a un lado, eludir... se puede hacer cualquier cosa, pero los problemas provocan discusión. Los problemas pueden resolverse y se pueden conseguir resultados positivos pensando en positivo en lugar de culpar o etiquetarlos negativamente.

Un cambio clave en estos términos es el paso de una conversación centrada en la venta de productos y servicios a otra centrada en que el comprador se apropie del producto o resultado.

En cambio, también está esto.	En su lugar, di esto.
si	cuando
sin embargo	y
coste	importe invertido
nosotros	usted
precio elevado	premium
bajo precio	valor
problema	autodesafío
Cuándo vender	Cuándo ser propietario

presentación de ventas

La parte de la presentación del proceso de ventas, a menudo denominada "discurso", es la parte de la "pregunta que hay que responder", en la que se presenta la decisión que se les pide que tomen de la forma más clara posible y se les pide que tomen esa gran decisión.

Mucha gente *parece resistirse al término "lanzamiento"*. A mí me resulta un poco chocante.

Todos somos profesionales en nuestro campo, así que lo que hacemos es presentar los resultados que buscamos, no lanzar.

Antes de esto, es importante entender cómo debe situarse la presentación dentro del proceso de ventas. Las presentaciones de ventas deben ser principalmente un proceso unidireccional para. . Debes estar preparado para entender al cliente potencial, establecer una buena relación y hacerle preguntas para saber que tus resultados son relevantes para ese cliente. Esto califica que lo que vas a presentarles es una solución adecuada a sus retos, se ajusta a sus necesidades y pueden acabar diciéndote "gracias" al final de tu presentación.

Después de todo este trabajo, deberías sentirte bastante seguro de que tu presentación avanza hacia un "¡Sí!". Esto significa que tienes todo el control y. puedes hacer una presentación de ventas pura y dura, con muy pocas interrupciones, transmitiendo toda la información, transmitiendo entusiasmo y creando el impulso necesario para cerrar el trato.

Quieres que la gente tome decisiones y se comprometa a seguir adelante. El entusiasmo en sí mismo es el catalizador de la toma de decisiones, así que si quieres que la gente tome decisiones y se sienta entusiasmada, tú también tienes que estar entusiasmado. Sea entusiasta cuando ofrezca soluciones.

Gran parte de tu presentación eres tú mismo. Usted es su propia presentación. Estas herramientas pueden apoyar tu presentación, pero no deben dirigirla. Tanto si se trata de un discurso de presentación de 60 segundos, de las palabras finales de una oferta de medio día (.) o de un resumen de una reunión cara a cara, toda buena presentación de ventas toda buena presentación de ventas debe seguir la estructura

Antes de empezar tu presentación, decide qué quieres que haga tu público. ¿Quiere que digan que sí y firmen un contrato? ¿Quiere que le den un cheque, dinero en efectivo o los datos de su tarjeta de crédito? ¿Quiere simplemente que pasen a la siguiente fase o quiere más información? Hasta que no conozca las respuestas a estas preguntas, no podrá elaborar una presentación de ventas con éxito.

Mostrar. La presentación de un tapón consta de tres etapas.

Inicio

Este conjunto. up tiene dos componentes clave.

1. **Escenario:** una declaración inicial que permita a la otra persona identificar exactamente por qué se está produciendo la

conversación. Puede ser algo tan sencillo como "Nos hemos reunido hoy aquí para averiguar cómo los servicios de XYZ pueden ayudar a mejorar ABC". De este modo, puedes indicar inmediatamente que se trata de una conversación centrada en los resultados (.). De este modo, puedes tomar la iniciativa dando un propósito a la conversación. A continuación, puedes leer el lenguaje corporal de la otra persona y sus respuestas para ayudarte a entender cuánto queda por hacer. Si asienten y te devuelven la sonrisa, te sientes cómodo porque están aceptando que ese es el propósito de la reunión. Sin embargo, si se sientan incómodos, sugiere que solo buscan información o que no están en situación de comprar hoy. En ese caso, descubrirá que su presentación debe realizarse a un nivel mucho más alto.

2. **Orden del día - Puede ser un** orden del día formal por escrito en el que se expliquen los puntos que se **tratarán y se entregue** a cada participante, o puede ser simplemente una explicación verbal de lo que se tratará. Si la explicación es verbal, puede ser tan sencilla como: "Nos gustaría dedicar un poco de tiempo a explicar nuestra historia, nuestra estructura para ayudarle a alcanzar sus objetivos y los servicios específicos que le hemos recomendado hoy, seguido de un tiempo para que decida qué le gustaría hacer a continuación". Así será.

Entonces, al presentar un orden del día, controlas el debate y consigues que la gente te permita seguir las líneas marcadas. Al decirles que al final tendrán que tomar una decisión, les has advertido. Además, al pedir una decisión al principio de tu presentación, te has obligado a pedir una decisión al final.

El Medio.

La parte central es importante porque es donde hay que proporcionar información suficiente para tomar una decisión de compra. Hay tres componentes clave que deben figurar en el centro de toda presentación

1. **historia y credibilidad:** se trata tanto de usted como de su empresa. Quiere diferenciarse de sus competidores y esta es su oportunidad de hacerlo. Se trata del tiempo que lleva haciendo lo que hace y del tipo de personas con las que ha trabajado en el pasado.
Como ejemplo de lo que aporta credibilidad instantánea.

   ○ Número de éxitos anteriores.

   ○ Premios y acreditaciones

   ○ . Nombre de clientes y socios de alto nivel

   Cuando le cuentes a la gente lo bueno que eres, procura no hablar con desprecio de otros clientes. Esto se debe a que pueden pensar 'si trabajas con una empresa tan grande, eres demasiado grande para mí'. No quiero ser su peor cliente' porque pueden pensar 'no quiero ser su peor cliente' Desarrollar 'de' y 'a' puede ayudar con esa afirmación. En mi negocio, trabajo con cientos de propietarios de negocios independientes desde casa hasta empresas de Fortune 500. Esto da confianza a la gente de todos los niveles. Esto da a la gente de todos los niveles la confianza de que somos buenos para ellos.

   Además, ser inclusivo en tercera persona puede aumentar la credibilidad. Presumir de uno mismo puede ser difícil. Pasar los testimonios de los clientes a la tercera persona permite presumir con más humildad.

   Por ejemplo.

   ○ "Muchos de nuestros clientes nos describen como..." Esto se
   ○ expresa como.

   ○ "La semana pasada, un cliente..."

   "Si miras nuestro perfil de Yelp, tenemos más de 100 reseñas de cinco estrellas. ".

   Tercero. avales de partidos en la historia y

La palabra "fiabilidad" también puede utilizarse para realzar el valor y la sustancia, pero transmitiéndolo sin ser prepotente y sin dar la impresión de arrogancia.

2. **Comparta la gama de productos y servicios que ofrece:** **¿alguna** vez le ha dicho un posible cliente que, aunque usted podría ofrecerle ese producto o servicio, se lo compra a otro? Sin duda, debería ser su responsabilidad compartir todo lo que tiene que ofrecer, y aunque pueda estar en su folleto o sitio web, sigue siendo su oportunidad de contárselo a la gente. Debería ser una lista de la compra de productos y servicios, no una descripción detallada de todo lo que ofrece. Si solo ofrece un puñado de servicios, una lista puede ser suficiente. Si ofrece una amplia gama de servicios, enumerar "desde" y "hasta" dará a los compradores la seguridad de que los tiene cubiertos. De este modo, no sólo se siembra la semilla de futuras oportunidades de venta, sino que los compradores confían en tratar con usted hoy sabiendo que puede crecer con ellos.

3. **Por lo tanto, proporcione toda la información que necesitan saber sobre esa única cosa**. Antes de vender cualquier cosa extra, tiene que vender un artículo importante, así que proporcione toda la información que necesitan saber sobre esa única cosa. Esto es cierto en cuanto a las características del producto, pero también en cuanto a lo que significa para ellos y cómo puede ayudarles en su situación. Reintroduzca sus palabras, como "porque", y explíqueles lo que significa para ellos en términos de cómo su solución puede ayudarles en su situación.

En este punto, el precio de la oferta también debe explicarse de forma imponente y no debe dejarse para el último momento. .El precio está en una posición perfecta para seguir la descripción de todo el paquete y la inducción al precio puede ser tan sencilla como "puede recibir todo esto por una inversión fija de solo (insertar precio)".

fin

Pero ¿por qué dejan de escucharme en medio de la parte más importante de mi presentación? Podrían pensar que es porque no les interesa. Pero en realidad es todo lo contrario. Se han ido a su lugar feliz y han empezado a pensar en el significado y la aplicación de las ideas que les estás pidiendo que adopten. Han dejado de escuchar y, cuando vuelvas a llamar su atención, se preguntarán qué se han perdido y no sentirán que tienen toda la información que necesitan. Así que todavía no se les ha pedido que tomen una decisión. Por eso es necesario un final contundente.

Hazles un resumen. El resumen no es más que una visión general de lo que les has contado. Comparta su historia y credibilidad, comparta la gama de productos y servicios que ofrece y reitere el hecho de que les ha hablado en detalle de lo único que les conviene y por qué cree que es así. Cuando haga esto, empezarán a comprobar el artículo en su mente y pensarán que han recibido toda la información que necesitan. Como creen que tienen toda la información que necesitan para tomar una decisión de compra, puedes pedirles que hagan lo que les dijiste al principio y tomen esa decisión. A continuación, concluye guiándoles hacia el resultado de su decisión inicial e invitándoles a dar el siguiente paso.

En el futuro se necesitarán innumerables variaciones de esta presentación. Tus palabras importan, y en este momento de la interacción importan más que nunca. Anota cada palabra, piensa en los componentes como bloques independientes y sigue evolucionando tu presentación de ventas y aumentando tu confianza y competencia con cada interacción.

cierre

Los vendedores están sometidos a una enorme presión para "cerrar la venta". Si sigue los principios que le hemos ido contando hasta ahora en este libro, esta presión es casi innecesaria. Cerrar consiste en incitar al comprador a actuar para confirmar su decisión. Dada la conversación mantenida hasta este momento, parece justo pedir una decisión. Lo mejor es que se desvincule del éxito de la decisión en sí. Sepa que su responsabilidad es ayudar al comprador a concluir su acción con una respuesta definitiva y facilitar esa decisión (.). Deje de lado la idea de que está manipulando o exigiendo una decisión positiva y, en su lugar, considere que está guiando el resultado en una dirección que parece ser la solución correcta para todas las partes. Los compradores suelen querer que los guíen y, en el momento del cierre, su liderazgo puede ayudar a que todos consigan lo que han estado buscando. He aquí cinco técnicas muy utilizadas para controlar el final de la discusión y guiarla hasta la línea de meta en estas situaciones.

Suposiciones.

En lo que le hemos contado hasta ahora, ha estado expuesto a un proceso de ventas muy consultivo. Una de las principales razones por las que mucha gente tiene miedo de pedir un negocio es el miedo al rechazo. Al añadir un enfoque de preguntas y respuestas al proceso de consulta, se crea una técnica en la que no hay miedo al rechazo en absoluto.

Sabiendo que el comprador probablemente está buscando tu orientación, puedes hacer una serie de afirmaciones y luego formular una pregunta después de esa afirmación. Si el comprador responde a esa pregunta, significa que está satisfecho con lo que has dicho.

Imaginemos ahora una conversación telefónica de carácter social.

> "Estábamos buscando el mejor día en nuestra agenda para nuestra próxima salida nocturna y nos dimos cuenta de que el jueves 20. 3 parecía el mejor. Estaba pensando en comer primero en un restaurante chino en la colina sobre las 7 de la tarde y luego ir al centro a un nuevo bar de cócteles sobre las 9 de la noche. . ¿Vas a ir en coche o en taxi al restaurante?

Se trata de una serie de afirmaciones, cuyo resultado es que el destinatario responde con una de las opciones y acepta el resto del orden del día. La única otra opción es sugerir una alternativa o formular una pregunta. Sea cual sea el método utilizado, es una forma rápida y eficaz de confirmar una decisión.

Para presentarla con eficacia se requiere confianza y actitud. Para tener confianza en su presentación, piense en el esfuerzo que ha realizado para llegar a este punto. Sin duda, sus clientes potenciales estarán muy interesados y asentirán y sonreirán durante toda la presentación. Llegados a este punto, te prometo que te has ganado el derecho a hacer suposiciones.

Un ejemplo empresarial sencillo sería el siguiente.

Empezaremos a trabajar en el proyecto lo antes posible y lo terminaremos a mediados del mes que viene a más tardar. Incluyendo todo lo que hemos hablado hoy, tu inversión es de sólo 450 dólares. Para empezar, sólo tienes que rellenar un sencillo formulario en la página 1. , empezando por tu nombre y dirección. ¿Dónde quieres que esté tu dirección?

Cuando respondes a la pregunta, el cliente acepta la explicación previa y confirma el pedido. La única acción que puede emprender el cliente es hacerle una pregunta como alternativa. En ese caso, responda a la pregunta y vuelva a formular una pregunta sencilla.

cierre condicional

En el pasado, es posible que un cliente le haya pedido que cambie los precios, condiciones u horarios estándar. Si un cliente le pide que cambie sus condiciones estándar, debe recuperar el control con un cierre condicional antes de plantearse el cambio. El cierre condicional es una forma de "Si puedo... ¿podría...?" y se basa en la estructura "Si puedo..., ¿quieres...?". Algunos ejemplos son.

- "Si puede asegurar ese precio, ¿le gustaría hacer el pedido hoy?".

- "Si cumples la fecha de entrega, ¿puedes pagarme hoy?".

- "Si pudiera cambiar esas condiciones, ¿se comprometería con nosotros como proveedor exclusivo?".

Esta devolución del control significa que usted sólo tiene que darles algo a cambio de una acción por su parte. Te permite determinar rápidamente el escenario y si el cliente potencial está realmente dispuesto a hacer negocios contigo o simplemente está comparando precios.

cierre alternativo

En la primera mitad del libro, te daban a elegir entre dos citas y te preguntaban: "¿Cuál prefieres?". y al preguntarle: "¿Cuál prefiere?", conoció un método de cierre alternativo que asegura más fácilmente una cita.

Exactamente el mismo principio puede utilizarse para acelerar la toma de decisiones ofreciendo múltiples variaciones de la respuesta "sí" (.) y dando al cliente la posibilidad de elegir. Seleccionar los detalles de la transacción global y, a continuación, seleccionar los detalles puede aclarar el proceso general de toma de decisiones.

Algunos ejemplos son.

- "¿Lo quieres rojo o negro?"

- "¿Eso es con (insertar artículo) o sin?".

- "¿Pueden hacer entregas los fines de semana? ¿O puede hacerlo entre semana?"

Limitar las opciones y darse el control es una forma rápida de dirigir la toma de decisiones. Aclare los contrastes y elimine la ambigüedad. En el primer ejemplo, si hubiera preguntado "¿qué color quiere?", el cliente habría debatido eternamente sobre la plétora de opciones y la decisión se habría prolongado porque había mucho donde elegir.

cierre directo

Es posible que en tu carrera hayas tratado con personas que no acaban de decidirse. A algunos de ustedes les habrán pedido que revisen su propuesta una y otra vez, dejándola en un "quizá" para siempre. Yo llamo a estas personas "herradores", y nuestro trabajo consiste en guiarles a través del proceso de toma de decisiones de forma rápida y eficaz. El tiempo es oro. En estos casos, un enfoque directo es la mejor opción. Sólo adopto este enfoque si estoy dispuesto a aceptar un "no" del interesado.

Esto significa presentar al comprador una opción de "sí" o "no" y preguntarle "¿Va a pedir? ¿Sí o no?". Este proceso desencadena su confianza para tomar una decisión y avanzar en cualquier sentido. A menudo, esto puede conducir a una decisión positiva, ya que el temor a que acepte la oferta suele desencadenar la decisión de compra.

Resumen Cerrar

Las grandes decisiones son difíciles. Las pequeñas son mucho más fáciles. Desglosar la decisión presentando una serie de pequeñas preguntas para ayudar al comprador a sentirse seguro de su decisión es un gran segundo intento si el comprador sigue indeciso.

Su objetivo es construir un ritmo de preguntas que conduzcan a respuestas basadas en el sí. . El ritmo de compradores que confirman "sí" a cada componente hace que la opción "sí" sea la única opción para el conjunto. Empiece por las preguntas a las que pueda responder con un "sí" rotundo y vaya tomando decisiones más concretas.

Algunos ejemplos de personal contable pueden ser.

- "Definitivamente necesitas un contable".

- "Tienes tu declaración de la renta el mes que viene, ¿no?"

- "¿Quiere que su contable sea local?"

- "¿Puedes ocuparte de todos los aspectos de la contabilidad?".

- "Hoy hemos tenido otra charla". "¿Crees que podemos ayudarte con lo que necesitas?".

- "¿Comprende nuestros niveles de servicio y precios?"

- "Según nuestros argumentos, ¿el Paquete Plata sería el más eficaz?".

- "¿Es algo que quieres empezar inmediatamente?"

Una respuesta positiva a cada componente da confianza a todas las partes interesadas y les permite pasar exactamente a la siguiente acción necesaria para ponerse en marcha.

Este enfoque ralentizado. , componente. led también le permite encontrar pequeños escollos que puede ser capaz de evitar después de que se separa.

Activador de compra

Hay muchos factores que impulsan a las personas a tomar una decisión de compra. Añadir estos elementos a tu presentación, propuesta y cierre puede aportar una ventaja especial para desencadenar una mayor toma de decisiones.

- Escasez de productos.
- venta limitada
- Facilidad de la primera acción
- Un regalo con cada compra.
- descuento por volumen
- Condiciones de pago atractivas.
- rapidez de entrega
- Eliminación del miedo a la pérdida.

6
Aprovechar al máximo las oportunidades

Usted, al igual que la mayoría de la gente, tiene garantizado dejarse el éxito en casi todas las interacciones. Ya se trate de citas cara a cara, conversaciones telefónicas o mensajes de marketing, estás evitando un enorme potencial de éxito en las ventas al dejar dinero sobre la mesa.

Al leer este artículo, es posible que le resulte un poco desalentador pensar que su tasa de conversión es alta, que sus clientes están contentos y que su negocio va bien. Cada momento cuenta cuando se trata de hacer crecer su negocio. Independientemente de su nivel de éxito actual, el objetivo siempre es llegar un poco más alto y aprovechar al máximo sus oportunidades. Demasiadas personas afrontan las oportunidades de venta con la mentalidad de que sólo hay dos posibilidades: el éxito o el fracaso. En lugar de hacer las cosas en blanco y negro, cambia los matices de la zona gris basándote en tus éxitos en todas y cada una de las reuniones comerciales, subiendo el listón y retándote a ti mismo para ver cuánto puedes sacar de cada momento.

Esto significa que debe planificar su nivel de éxito antes de cada oportunidad y considerar lo que realmente se le ofrece. Puede concertar una cita con alguien que haya expresado interés por un producto o servicio concreto. Mantenga la mente abierta y piense: "¿Qué más podría ofrecer esta persona?

Cosas a tener en cuenta.

- **Ventas adicionales: el** momento más fácil para vender algo a **alguien** es inmediatamente después de que haya tomado su decisión de compra inicial.

- **Próximas citas:** aumentar la frecuencia de las transacciones es una excelente forma de hacer crecer su negocio. Y puedes mantenerlo bajo control planificando tu próxima cita.

- **Referencias - Pedir** referencias debe ser una práctica rutinaria.

- **Ahorro de costes: si** dedica tiempo a este cliente, es posible que pueda mejorar su oferta para usted. Si no preguntas, seguro que no consigues nada.

- Muchos de sus clientes tendrán una base de datos de clientes y le enviarán boletines periódicos. Si les pide que le incluyan en este boletín, puede que acepten.

Una vez más, si no lo pides, no te lo darán.

Siempre hay más a tu disposición. Al considerar la magnitud de la oportunidad antes de estar en ella, es más probable que consigas más de ella.

En este capítulo se esbozan algunas formas de ganar más tiempo y aprovechar sus éxitos.

Prevención de mercancías no vendidas

En la empresa moderna, su reputación lo es todo y la repetición de negocios, el seguimiento después de la venta. , y las referencias son esenciales para el crecimiento de la organización. Al venderte a ti mismo, tus productos o tus servicios, el deseo de quedar bien en el acto o de facilitar una venta en el mismo día puede llevar a promesas un tanto exageradas.

Deje espacio en la venta para ofrecer resultados por encima de lo esperado y nunca, nunca venda algo por más de lo que vale. Hacer falsas promesas puede hacerle parecer demasiado bueno para ser verdad, o el precio que ofrece puede no corresponderse con su valor. En estos casos, los consumidores no confiarán en su capacidad para cumplir sus promesas.

Cuando las cosas suenan "demasiado buenas para ser verdad", surge la pregunta interior: "¿Cuál es el truco?". Para resolver este problema y atraer a la gente a tu forma de pensar, hay algunas soluciones sencillas.

1. En todo negocio hay malas noticias que acompañan a las buenas: **cuéntelas.** Compartir también las malas noticias ayudará a la gente a entender exactamente lo que estás ofreciendo.

2. **Confianza en el precio: la** falta de confianza en el precio sugiere que creen que el precio no merece la pena. Cuanta más confianza tengan en el precio, más creen los consumidores que es un precio justo.

3. **Establezca expectativas realistas:** fije unas expectativas mínimas y esfuércese por superar las expectativas del cliente. Este enfoque no solo le hará ganar más negocio, sino que también le ayudará a retener a los clientes durante más tiempo al superar sus expectativas y crearse una reputación que facilita las referencias.

Sobre el precio

La primera lección sobre fijación de precios me la ofreció un empresario de 14 años (.).. La sencillez de esta lección se ha repetido en numerosas ofertas, con docenas de clientes y sigue siendo algo que necesito que me recuerden continuamente en mi propio negocio.

Cuando era niño, tuve un negocio muy exitoso de lavado de coches que empezó cobrando solo 3 libras por un lavado a mano (.). Pronto me di cuenta de que podía cobrar 3,50 libras sin comprometer el proceso de toma de decisiones en. y a menudo conseguía que la gente pagara 4 libras por mis esfuerzos. El siguiente paso natural fue probar con 4,50 libras. Esto resultó mágicamente aún más cómodo para los clientes. Pagaban con un billete de 5 libras de. y decían: "Quédate el cambio". En una buena nota, se acercaron de nuevo a las 5,50 £, pero rápidamente se encontraron con resistencia. Sin embargo, la resistencia no tardó en aparecer. Los clientes posponían las citas, aplazaban la limpieza o incluso la cancelaban por completo. Descubrí por ensayo y error que el precio máximo para el servicio que ofrezco es de 5 libras.

Conozco a muchos empresarios que hablan con orgullo de cómo pueden convertir el 100% de sus oportunidades. Pero la realidad es que a algunos clientes hay que quitarles el precio y, a menos que lo hagamos, aún no hemos encontrado el punto óptimo de precio. El precio debe calcularse en función de lo que su producto o servicio vale para el consumidor, no de lo que le cuesta a usted. Si ofreces tu producto a un precio que el consumidor está dispuesto a pagar y obtienes un beneficio razonable, estás en el negocio.

Observe los precios actuales y considérelos desde el punto de vista del cliente. ¿Qué implica? Si te lo presentaran, ¿cómo lo interpretarías y qué pensarías?

A medida que aumentan los conocimientos y la experiencia, también deberían hacerlo la competencia y los precios. En cualquier profesión, la experiencia trae recompensas. Al mejorar tus habilidades de venta, puedes demostrar tu valor a los clientes y ser recompensado en consecuencia.

Ponga a prueba sus precios y pruebe continuamente nuevos precios hasta que encuentre el precio óptimo. A continuación, puede introducir productos premium o de valor a ambos lados de su producto o servicio principal: si tiene un cliente que está contento pagando 5.500 $, no habrá ninguna diferencia si pide 5.650 $ o 5.685 $. Y sepa que si tiene éxito en sus precios, ganará el 100% de cada dólar que gaste, sin costes adicionales ni trabajo extra.

Su downsell.

Pronto aprenderá los principios para obtener ventas adicionales o upsells de los clientes. Sin embargo, a menudo se pasa por alto la capacidad de salvar oportunidades fallidas introduciendo la venta a la baja. La captación de clientes es el acto más difícil para hacer crecer un negocio, por lo que resulta beneficioso buscar formas de explotar los escenarios de venta que no ofrecen los resultados clave que se buscan.

Si no se consigue el primer resultado, considere qué podría introducirse como alternativa. Podría ser confiar en un "simple primer sí" o introducir una fracción de los pedidos previstos.

Lo que sí sé es que el éxito parcial es mucho más satisfactorio que el fracaso total. Tener la agilidad de tomar decisiones menores cuando la primera acción fracasa te aportará un importante negocio adicional y te dará la oportunidad de alcanzar tus objetivos originales con el tiempo.

En mi negocio, los clientes me dicen a menudo que no les es posible contratar directamente mis servicios como conferenciante o formador. Esto ha dado lugar a ventas a la baja, como pedidos masivos de libros o cursos de formación en línea. En estos casos, me he quedado muy lejos de mis objetivos iniciales, pero aún así he conseguido ventas rentables y, en muchos casos, he seguido trabajando con el cliente.

La falta de una venta a la baja fija crea muchos escenarios en los que ambas partes salen perdiendo.

Venta adicional sencilla

Cómo vender valor añadido en el punto de venta puede aprenderse estudiando uno de los negocios más eficientes. La franquicia mundial McDonald's ha dominado la habilidad de aumentar el tamaño medio de los pedidos haciendo preguntas muy directas a cada cliente que pide una comida. Esta invitación a "pedir más" o "pedir más" nos dice mucho de lo que necesitamos saber para vender más con éxito.

1. **Momento oportuno:** hay un momento perfecto para introducir más ventas al cliente. Es después del punto de decisión y antes del punto de pago. Esta ventana proporciona un periodo de tiempo en el que tiene mucho que ganar y muy poco riesgo de pérdida.

2. **Los recargos** -compras complementarias o cantidades adicionales, que no superen el 20% del precio original acordado- pueden ayudar a acelerar el proceso de toma de decisiones. Si se sobrepasa este límite, puede ser necesario entablar conversaciones adicionales y frenar el proceso.

3. **Consecuencias del rechazo: el rechazo no tiene** consecuencias, ni reprimenda del empresario al empleado, ni desafío del camarero al cliente. El trabajo del camarero es hacer preguntas y no preocuparse por las consecuencias.

4. **Frecuencia de las peticiones:** las peticiones se hacen siempre, sin falta, y en todas partes del mundo. La constancia es la clave, y el efecto combinado de esta reiteración de preguntas se ha traducido en un aumento de las ventas de millones de dólares cada año.

Una vez comprendida la elegancia de este ejemplo, debe preguntarse si estos trabajadores están más o menos cualificados que usted. Si esto ocurre en un restaurante de comida rápida de categoría mundial, estoy seguro de que puedes reproducirlo en tu empresa y conseguir un aumento significativo de los ingresos. Siga las reglas, hágase las preguntas y acérquese con la siguiente mentalidad.

Algunos lo harán.

Otros no.

¿Y qué?

Los clientes de McDonald's no habrían echado de menos un líquido extra o un puñado de patatas fritas de más. Poner a disposición extras tiene que ver con el beneficio adicional, y a menos que los pongas a disposición e invites a los clientes a dar un paso adelante, no se echarán de menos.

Crear beneficios

Sólo hay tres formas orgánicas de construir un negocio.

1. Llegue a más clientes.

2. Aumentar la escala de ventas.

3. Aumentar la frecuencia de las transacciones.

Cuando sales de compras como consumidor, ves constantemente ejemplos de cómo las empresas intentan atraer tu comportamiento y conseguir uno de estos resultados. Le invito a que abra sus sentidos y aprenda de los ejemplos que existen a su alrededor. Crear la oferta adecuada para tu producto o servicio puede tener un enorme impacto en la cantidad y calidad de las transacciones y puede conducir a una venta exitosa.

Tenga en cuenta que hay seis tipos diferentes de ofertas, cada una con usos muy distintos para maximizar los resultados. Una vez que entienda cómo utilizar las ofertas, se sorprenderá de lo que puede hacer para desencadenar aún más los resultados adecuados.

campaña multicompra

Verá estas promociones en tiendas de todo el mundo: compre tres, llévese dos; compre cuatro, llévese uno gratis; compre dos, llévese cinco; compre uno, llévese uno gratis; compre uno, llévese uno gratis; compre uno, llévese uno gratis; compre uno, llévese uno gratis; compre uno, llévese uno gratis. Cada una de estas ofertas está diseñada con un objetivo específico. El principal objetivo de las ofertas multi-compra es fidelizar a los consumidores, lo que suele ocurrir con los artículos de tocador. La primera oferta atractiva es suficiente para atraerle lejos de la marca que había elegido anteriormente, y la cantidad que se queda con usted crea un compromiso que puede hacerle cambiar al nuevo producto como su nueva marca.

Si la oferta es un descuento en un solo producto, la oportunidad de fidelizar se reduce considerablemente. En cambio, las ofertas de compra múltiple animan a la gente a comprar más productos de los que realmente necesita. Uno se acostumbra a utilizar ese producto, así que la próxima vez que vaya a la tienda, si no hay ninguna oferta especial en ningún producto, el producto comprado con la oferta se convierte en su elección habitual y ha cambiado de fidelidad.

Al añadir cantidad a los consumibles y utilizar ofertas multi-compra para fomentar la fidelidad, los compradores invierten más en usted y en sus productos y servicios.

Descuentos

Aunque hay muchas razones para hacer muchas ofertas, las principales razones para hacer descuentos antes de una reunión de negocios son, en primer lugar, vaciar las existencias no deseadas y, en segundo lugar, ofrecer mayores incentivos a los nuevos clientes para una venta escalonada.

En cualquier negocio es esencial liquidar las existencias antiguas, y en la prestación basada en servicios (.) existe la oportunidad de fijar precios (.) como incentivo para procesar los materiales antiguos. Muchos coaches, consultores y formadores han desarrollado materiales para su compra a lo largo de los años, pero ya no forman parte de su oferta principal. Reunirlos y ofrecerlos a una fracción del precio original puede ser una buena forma de asegurarse ingresos por los extras.

El segundo uso es más apropiado si se reconoce el valor vitalicio del cliente y se cree que se perderá margen en la primera transacción y se recuperará en las ventas posteriores a . Estas ofertas deben dirigirse a un público concreto para lograr el máximo impacto y combinarse con un proceso de ventas planificado de antemano para ampliar posteriormente la cuenta.

oferta condicional

Las ofertas condicionales son una forma de crear un conjunto de criterios de elegibilidad que los clientes deben cumplir para acceder a beneficios adicionales. Las condiciones incluyen.

- Tamaño de la transacción
- velocidad de funcionamiento
- Suministro de datos adicionales.
- Compromiso con acciones alternativas.

Las condiciones son los objetivos que se quieren alcanzar.
Por ejemplo.

- Gasta 100 $ o más y consigue un 20% de descuento en tu próxima compra.
- Haga su pedido hoy y reciba este regalo.
- Rellena la encuesta y consigue un mes gratis (con el nombre del producto).
- Si estás con un amigo, recibiréis un artículo cada uno.

Las ofertas condicionales pueden aumentar el valor medio de las transacciones, la recomendación de nuevos clientes, la fidelidad y las ventas futuras.

afiliación

La jerarquía de necesidades de Maslow pone de relieve la necesidad humana de pertenencia. En un mundo en el que los consumidores ansían atención, tener clientes que pertenezcan a su empresa es un activo importante.. Casi todos los servicios ofrecidos sobre la base de un modelo de afiliación han desarrollado la capacidad de ofrecer paquetes o paquetes de servicios por una cuota recurrente. Distribuir los pagos a lo largo de un periodo de tiempo reduce la barrera de entrada al principio de la relación y aumenta el gasto total a lo largo de la vida del cliente.

Convertir los servicios poco frecuentes en un gasto mensual recurrente puede convertirse en un hábito en la rutina de sus clientes. Distribuir su inversión en planes de pago programados también puede ayudar a los clientes a decidirse por usted más rápidamente. Cuanto más fácil sea, más podrá ampliar su base de clientes y aumentar su fidelidad hacia usted.

Si tiene un producto consumible -algo que quiere que la gente compre una y otra vez-, piense cómo puede conseguir que los clientes se comprometan a realizar transacciones regulares y se conviertan en clientes habituales sin tener que decidirse. Una vez que se decidan, lo consumirán hasta que usted les diga que dejen de hacerlo. En eso consiste una oferta de afiliación.

Regalo del comprador

Los mejores ejemplos de estas ofertas están siempre presentes en los mostradores de cosmética de los grandes almacenes navideños. Un frasco típico de fragancia tiene un precio de 52 $ y es probable que encuentre disponible un frasco de 1,5 onzas. Si pasa a un frasco de 3. onzas, el precio ascenderá a 75 $. Las compras superiores a 75 $ tendrán un valor de 50 $ (.) o más, incluidos bolsos, estuches de maquillaje y toallas de playa elegibles para regalos de edición limitada. En consecuencia, dada la posibilidad de elegir entre las dos botellas, la botella más grande fue la clara ganadora, debido al valor adicional percibido y al significativo aumento del valor medio de las transacciones durante este periodo.

Los regalos se utilizan para aumentar el valor de las transacciones en muchos mercados y en todos los niveles de transacción. Aprenda del ejemplo de una tienda local de comida a domicilio y observe que los regalos se ofrecen en un punto muy preciso, de forma que es necesario pedir un artículo más para cumplir el requisito del regalo. Un restaurante chino local ofrece un plato de muestra gratis con pedidos superiores a 35 $, lo que suele suponer algo más de 33 $ para dos personas.

Ross Readers.

El liderazgo de pérdida es la práctica de vender algo a un precio inferior a su coste, con el objetivo principal de aumentar el tráfico. Un importante supermercado del Reino Unido llevó a cabo una agresiva campaña para lanzar un libro de Harry Potter. El libro tenía un precio de solo 5 libras, y la combinación de este producto tan demandado en y el precio tan bajo provocó una avalancha de personas que compraron el producto en esa tienda.

¿Dónde colocaron los productos líderes? Lo más importante es asegurarse de tener los productos y servicios adecuados al precio adecuado. Este es el mismo enfoque que una oferta limitada de productos a precios ridículos en días de ventas masivas como el Black Friday y el Cyber Monday.

¿Necesita un descuento?

Los compradores están entrenados para exigirle un descuento. Esta certeza requiere que prepares una respuesta de antemano.

Piense en algún momento de su vida en el que haya solicitado un descuento, quizá en una compra importante como una casa o un coche. Cuando haya conseguido la rebaja, sentirá una sensación de logro y satisfacción... Sin embargo, más tarde se preguntará si podría haber conseguido un precio mejor. Del mismo modo, el vendedor también se pregunta si podría haber conseguido un precio mejor. Como resultado, ninguna de las partes está convencida de haber conseguido el mejor trato.

Cuando uno compra algo en una tienda, acepta que el precio es el que es y sigue su día sin pensar en la transacción. Se siente satisfecho con su compra, con la seguridad de haber pagado lo mismo que cualquier otra persona ese día. Haga todo lo posible para proteger la integridad de sus precios y ofrecer coherencia a todos los compradores.

Sólo considere la posibilidad de cambiar el precio si lo que obtiene a cambio del descuento equivale a una reducción del precio. Si le piden un precio mejor, considere "qué puede obtener a cambio". Entre las cosas a tener en cuenta se incluyen.

- Ampliación del tamaño de los pedidos
- Largo. Compromiso a largo plazo de los clientes
- Mejores condiciones de pago.
- Presentación de las distintas organizaciones con las que se puede comerciar.
- Testimonios de clientes y estudios de casos para apoyar el marketing futuro.

Haga preguntas a la persona que solicita el descuento, escuche sus respuestas y busque formas de aumentar el valor para ella sin reducir el precio, en lugar de cambiarlo.

Posibles formas de aumentar el valor

- Ampliación de los plazos de pago
- Dar extras a cambio de precios más bajos
- Si los presupuestos no crecen, hay que reducir las especificaciones.

Secretos del éxito

A menudo se pasa por alto, pero tiene un valor incalculable para los clientes, la pura comodidad asociada a hacer negocios con su empresa. Cuanto más fácil sea hacer negocios con usted, más probabilidades tendrá de asegurarse las oportunidades marginales que existen docenas de veces al año.

Las grandes empresas, como las aerolíneas, y las tecnológicas, que crean cosas como las aplicaciones para compartir. , lo han dominado por la pura comodidad de hacer negocios con ellas. Al pulsar un botón, recordar mis datos y sincronizarlos en varios dispositivos de comunicación, resulta casi imposible comprar en la competencia.

Es posible que no pueda ofrecer este tipo de comodidad, pero puede aumentar fácilmente el valor de su oferta teniendo en cuenta lo que más valoran los compradores. ¿Qué puede hacer para eliminar las barreras al comercio? ¿Cómo puede conectar los puntos para ellos cuando las cosas son complicadas? ¿Cómo puede responder cuando las cosas no van según lo previsto?

Llevamos varios años trabajando con nuestra imprenta actual y no tenemos intención de cambiar en el futuro. Siempre se da la oportunidad de cambiar de proveedor y estoy seguro de que muchas de estas alternativas pueden ofrecer precios más atractivos. La razón por la que estoy tan apegado a esta empresa es porque todo es muy fácil. Aceptan pedidos por teléfono, dan cuenta de 70. al día y luego hacen pequeñas modificaciones sin coste adicional sin rechazar el archivo de arte en. house. Atienden llamadas por la noche y los fines de semana y han escalado montañas para cumplir plazos imposibles y exigencias logísticas difíciles. Por su comodidad, son nuestro proveedor por defecto y alguien a quien recomiendo con regularidad. Son socios de nuestro negocio y nos recompensan por el valor que aportan. Revise sus procesos y compruebe lo fácil que se lo ponen a sus clientes. Puede ganar más negocio simplemente eliminando barreras y ofreciendo flexibilidad.

4 Rs.

.El éxito en las ventas requiere una enorme autodisciplina, un compromiso personal con el crecimiento, una determinación inquebrantable y tolerancia a los contratiempos. Pedir más, más, más puede llevar rápidamente a subirse a la cinta de correr y trabajar cada vez más duro con falta de concentración y consideración por los que te rodean.

Anteriormente en esta publicación hemos hablado de las actividades altamente gratificantes, en las que se mencionaba la importancia de planificar y revisar. Cuando se enfrentan a la elección entre hacerlo bien, hacerlo mejor o hacerlo lo mejor posible, las personas siempre coinciden en que lo hacen lo mejor posible. .Sin embargo, creo que este enfoque puede llevar a las personas a destruir su propio potencial, ya que hay pocas posibilidades de hacerlo lo mejor posible o no. Así pues, centrándonos en lo "mejor" más que en lo "mejor", podemos descubrir los elementos de mejora para embarcarnos en un viaje de superación continua ..

Para activar este proceso, reservo regularmente tiempo para planificar y revisar adecuadamente mis acciones (lo llamo las "4R").

Parte 1 - Reflexión.

Dedique tiempo a hacer algo relajante para usted. Siéntese en su lugar favorito, salga a pasear o a correr, dese una ducha o un baño relajantes y piense en lo lejos que ha llegado. Eche la vista atrás hasta el principio de este periodo y reflexione sobre todo lo que ha conseguido. No mire al futuro, sitúese en el momento presente, sea amable consigo mismo y disfrute recordando lo que ha conseguido hasta ahora.

Parte 2 - Revisión.

Una vez que se haya relajado, siéntese y trabaje en las tareas que ya ha realizado. Haz una lista específica de lo que ha ido bien en tus citas y acciones recientemente realizadas. Evite las críticas e identifique todos los aspectos prácticos positivos de sus acciones anteriores. Puede resultarle útil escribir una lista física y mantenerse concentrado hasta que haya agotado con éxito todo lo que desea mantener como parte de su protocolo.

Parte 3 - Perfeccionamiento.

Ahora es el momento de buscar mejoras. No te limites a enumerar las cosas que hiciste mal, sino que míralo a través de la lente de lo que harías si te enfrentaras de nuevo a la misma oportunidad. Ha llegado el momento de ser honesto con uno mismo y fijarse en lo que se puede mejorar y en las oportunidades que se han dejado atrás. En lugar de castigarte por los errores cometidos, es un proceso más amable y productivo actuar para la "próxima vez".

Parte 4 - Calendario.

Siempre debe haber un paso siguiente después de cada actividad o acción. Todas las actividades anteriores pueden repetirse y deben programarse con regularidad. Muchos de los prospectos y clientes que ha creado necesitan ser contactados de nuevo, y su lista de mejoras para la próxima vez debe aplicarse a eventos específicos y tangibles. Si decide pasar a la acción y aplicar las lecciones que acaba de descubrir, le ayudará a mantenerse alerta y a seguir mejorando. Programar acciones, llamadas, reuniones y otras tareas específicas le ayudará a mantener el control, proteger su memoria, eliminar la ansiedad y centrarse en el crecimiento.

7
Superar la indecisión

Uno de los principales objetivos de las ventas es hacer que la gente pase de una posición de "no" a obtener resultados positivos. Sin embargo, según mi experiencia personal, no es así. Creo que las personas que piensan "tal vez" o "quizá en otra ocasión" tienen una enorme oportunidad de triunfar en las ventas.

En el transcurso de las actividades de venta, siempre habrá personas que digan que se esfuerzan por hacer negocios pero que son incapaces de tomar una decisión. Pueden plantear objeciones, excusas o razones por las que no pueden hacer negocios en ese momento. En todos los sectores en los que he trabajado y en todas las personas a las que he formado, las objeciones recibidas suelen pertenecer a una de las siguientes categorías

- inoportuno
- Necesito hablarlo con alguien.
- de compras
- Satisfechos con los proveedores actuales
- Necesita tiempo para pensar
- Demasiado caro

Este capítulo explora cómo se puede evitar, superar y negociar esta indecisión, lo que se traduce en un aumento de las ventas gracias a la creación de oportunidades.

mantener las distancias con el adversario

Casi todas las objeciones a las que te has enfrentado podrían haberse evitado si hubieras hecho buenas preguntas al principio del proceso de venta. Analice las objeciones más comunes y piense cómo puede evitarlas antes de recomendar su solución. Si las objeciones que recibe son recurrentes, el primer paso es desarrollar un conjunto de preguntas que pueda formular en la fase de cualificación y que le permitan reunir las pruebas necesarias para evitar las objeciones por completo.

El mejor ejemplo de ello es mi experiencia cuando trabajaba con un equipo de ventas en la industria del mueble. Al vender muebles, me enfrenté a varias objeciones, muchas de ellas relacionadas con dos de los factores clave de beneficio en el negocio: en primer lugar, una petición de que el sofá estuviera tratado para que no se manchara si se derramaba agua sobre él; en segundo lugar, una petición de que el sofá estuviera tapizado a juego con el sofá y taburetes a juego con los sofás.

Las objeciones más frecuentes a estos dos productos fueron las siguientes

- Somos muy cuidadosos y no comemos ni bebemos en los muebles.

- No hay espacio para reposapiés.

Al examinar estos dos contraargumentos, enseguida queda claro que es más probable que sean excusas que hechos, pero es muy difícil rebatirlos sin llamar mentiroso al comprador (aunque sabemos que los compradores no siempre dicen la verdad). Así que me puse a desarrollar una serie de preguntas para utilizar al principio de la conversación, antes de que se presente cualquiera de las opciones, con respuestas que hacen casi imposible que el consumidor pronuncie estas excusas típicas. Por ejemplo: "¿Quién más utiliza estos muebles aparte de usted?". seguido de una pregunta como "¿Cómo le gustaría entretenerse?" seguida de. Tras mencionar a la primera persona que lo usaría, todos admitían entretenerse. Supongo que nadie admite no tener amigos.

Entonces podrían preguntar: "¿Quiere ponerlo en su mejor habitación o en una habitación de uso diario?". La respuesta a esta pregunta confirmaría que el sofá se ha utilizado mucho o que hay que conservarlo como nuevo. A continuación, "¿Cuánto tiempo ha utilizado su sofá anterior?". La pregunta. Independientemente de la respuesta, la siguiente pregunta siempre era: "¿Quiere que dure lo mismo o más?". Y así era. La respuesta siempre era sí.

Esto nos dio la base para recomendar la protección de la tela, pero aún quedaba la cuestión del espacio para los reposapiés. Preguntamos: "¿Qué tamaño tiene la habitación?". y vamos directamente a por ello con la pregunta "¿Cómo de grande es la habitación?". Independientemente de

respuesta, nos quedábamos tranquilos: "Vaya, es una habitación de buen tamaño". Y no era raro que dibujáramos la distribución y creáramos el espacio según ese dibujo. Luego mirábamos los bocetos y hacíamos preguntas sobre la disposición de los asientos para las visitas y el almacenamiento, que más tarde se convertirían en la base para recomendar taburetes.

Como resultado, estaba perfectamente posicionado para recomendar productos adicionales a su conveniencia, no a la mía. Usted ha dicho XYZ, así que le voy a recomendar ABC", utilizando los conocimientos adquiridos en la conversación anterior para proporcionar un marco de introducción de artículos adicionales como la protección de tejidos y las escaleras de mano.

El proceso casi ha duplicado las tasas de conversión y el principio ha sido adoptado por empresas de todo el mundo con resultados espectaculares.

En lugar de hacer hincapié en la opción "sí", es mejor formular preguntas que desglosen la opción "no". Identifique las oportunidades reales y recomiende solo las adecuadas a las personas adecuadas y por las razones adecuadas.

Vender es ganarse el derecho a recomendar, y el tiempo invertido en ganarse ese derecho siempre garantiza que su recomendación se reciba con más autoridad y credibilidad.

Respuesta a las objeciones.

En realidad, todas las objeciones deben tratarse como objeciones, y usted debe responsabilizarse personalmente de ellas, ya que el hecho de que se opongan puede significar que se han equivocado de bando. A lo largo de los años he desarrollado un sencillo sistema que sirve de marco para superar cualquier objeción que se presente.

1. **Aclare las objeciones: recuerde que, para** tener éxito en las ventas, es importante mantener el control del proceso. En el momento en que plantean una objeción, estás desafiando ese control y puedes cambiar fácilmente. Considere el escenario de la entrevista.

   pregunta quién tiene el control total. Sabiendo esto, si tratas cada objeción como una pregunta e intentas recuperar el control haciendo más preguntas, podrás acercarte a la objeción real. La pregunta ideal es simplemente conseguir que expliquen más la objeción. Un ejemplo universal, y mi respuesta por defecto es:" ¿Por qué piensas eso?".

2. **Póngase** de **acuerdo y discúlpese: dado que un contraargumento se** considera una diferencia de opinión, ponerse de acuerdo y disculparse por un contraargumento puede resolverlo fácilmente y proporcionar una posición equilibrada. De este modo, dispondrás de una plataforma para responder y no estarás combatiendo fuego con fuego. Si alguien se opone porque considera que tus precios son caros, puedes decir: "Estoy totalmente de acuerdo. Cuando busco comprar cosas también busco el mejor valor posible, lo siento mucho porque obviamente no me expliqué correctamente". Puede decir.

3. **Compruebe si es la única preocupación: pregunte** si es el único factor que impide **avanzar.** Si la otra parte está de acuerdo, sólo hay una objeción que superar. Si te saltas este paso, puede convertirse en un partido de tenis, con la otra parte presentando una objeción tras otra, cada una de ellas a superar.

4. **Tómatelo de forma positiva:** acepta que el hecho de que no estén de acuerdo contigo es una prueba de que les interesa tu trabajo, no de que no les interesa. Esto tendrá un impacto muy positivo en tu actitud.

5. **Responde positivamente - Cuando** alguien te desafía, es muy fácil centrarse en lo que no puedes hacer. Céntrese en cambio en lo que puede hacer. Si la objeción se basa en el precio, explica lo que puedes hacer con ese presupuesto.

6. **Cierre resumido: después de** explicar lo que puedes hacer, la herramienta de cierre más segura cuando te enfrentas a la indecisión es cerrar de forma resumida. La herramienta de cierre más segura para tratar la indecisión es resumirla. Divida la decisión en cinco o diez decisiones más pequeñas y formule preguntas directas y centradas en el sí. . Si respondes afirmativamente a cada pregunta, sabrás que estás de acuerdo con todo lo que hay en ese punto.

Negocia como un profesional.

Los negocios son sencillos, pero no fáciles. Suele ser el último 10% del proceso lo que marca la gran diferencia con respecto a la media, y es a menudo cuando mucha gente se da por vencida. La capacidad de negociar con eficacia cuando las cosas no salen como uno quiere contribuirá en gran medida a su éxito y lo hará infinitamente más gratificante. Siga estos nueve principios para convertirse en un maestro de la negociación y aumentar el número de personas que están de acuerdo con su forma de pensar.

1. la **discusión acaba con un perdedor: nadie** quiere ser un perdedor. El reto de las discusiones en un entorno de ventas es que

si tú eres el ganador, tus clientes potenciales son los perdedores. Evite las discusiones a toda costa.

2. respeta la opinión de la otra persona - **ya** estás
   No tienes por qué estar de acuerdo con ellos, pero tienen derecho a tener su propia opinión. Intenta comprender y apreciar las razones de sus argumentos.

3. **Admite que te equivocas - Admitir lo que no** sabes y lo que sabes que está mal puede dar más peso a lo que sí sabes.

4. Plantee una serie de preguntas sencillas que puedan responderse con un "sí" para atraer al posible cliente hacia su punto de vista. Responder "sí" a estas preguntas facilitará que el posible cliente siga diciendo "sí".

5. **Hablar menos:** la principal causa de malentendidos y de falta de eficacia en la comunicación es no escuchar.

6. **Hazles creer que es tu idea: presenta** tu idea como una pregunta y no como una afirmación. De este modo, el posible cliente puede elegir tu punto de vista como propio.

7. **Ponte en el lugar de la otra persona: puede** parecer difícil, pero es fundamental mostrar empatía al negociar. Si te pones en el lugar de la otra parte, entenderás por qué piensa como piensa. Este punto de vista puede mejorar el contenido de la negociación.

8. **Dramatice sus ideas:** tanto si vende un producto como un servicio o una idea, el entusiasmo es persuasivo. Simplemente siendo más carismático al comunicar tus puntos de vista, es más probable que la gente esté de acuerdo con tus ideas.

9. **Plantee un reto: plantee siempre** un reto o ultimátum al final de una negociación. Un buen ejemplo es: "Si podemos hacer esto hoy, ¿podemos confirmar el pedido ahora?". Así será.

El dominio de la negociación se consigue con la práctica. Para practicar, lo primero es negociar con valentía, sin esperar resultados y sin miedo a perder. No ceda fácilmente y crea en sí mismo. En general, ganar una negociación requiere tanto habilidad como confianza.

durabilidad

Al principio de este libro se le animaba a pensar en su cliente perfecto o ideal. Estas oportunidades perfectas, y. que. , incluso las personas menos que perfectas que te ignoraron, te rechazaron o prometieron actuar y no lo hicieron, siguen teniendo valor para ti y para tu negocio. Es fácil tomarse muy a pecho la falta de éxito en las ventas, sentirse herido por el fracaso o interpretar este rechazo como una decisión eterna y no volver a planteárselo nunca.

Como consumidores, son conscientes de que su situación cambia constantemente. Lo que hoy puede parecer un "mal momento" para un cliente potencial, mañana puede ser un "buen momento", debido a diversos factores internos y externos. Por ello, es su responsabilidad no olvidarse nunca de sus clientes potenciales y hacer todo lo posible para que sigan pensando en usted cuando se les presente la oportunidad.

Crea una lista de NNT (No Not Todays) y mantente en contacto con ellos para que seas la primera persona en la que piensen cuando las cosas cambien. Esto incluye mantenerse en contacto con ellos de las siguientes maneras

- Correos electrónicos periódicos. Correos electrónicos y boletines
- informativos
- Añadir a redes sociales
- Pasé a saludar.

coger el teléfono

El objetivo es hacerles saber que piensas en ellos, sin ser prepotente.

Centrémonos en hacer la llamada. Un buen amigo y antiguo mentor mío tiene una gran historia que contar sobre la persistencia y cómo esa persistencia le ayudó a conseguir el mayor contrato de formación que jamás había conseguido y que le permitió mantener su increíble estilo de vida y el de su familia. Llamó al cliente de sus sueños a la misma hora todas las semanas durante 18 meses, pero fue incapaz de pasar de su asistente personal. Sin embargo, nunca renunció a conseguir su objetivo, siguió llamando y, tras entablar una buena relación con su asistente, por fin le pusieron en contacto con el propietario y consiguió una cita. El resultado fue un contrato que aportó cambios revolucionarios a su negocio. Sin duda, mereció la pena el esfuerzo. Mi consejo es: ¡nunca, nunca, nunca, nunca, nunca te rindas! es.

El abogado del diablo.

Suele ocurrir que se genere un interés conceptual por un producto o servicio, pero que no vaya seguido de una invitación concreta a comprarlo.

.Cuando trabajaba en el sector inmobiliario, desarrollamos un fantástico producto de inversión a largo plazo. El modelo consistía en poseer una propiedad en pleno sol que pudiera utilizarse para uso personal. El producto tenía una rentabilidad prevista del 1.000% en 15 años (.) y seguiría proporcionando ingresos a partir de entonces. El concepto y la oportunidad interesaron a casi todas las personas con las que me reuní y la demanda de más información fue abrumadora. e. Se enviaron correos electrónicos, se organizaron reuniones, se enviaron folletos y todo ello con rendimientos mínimos.

Algo tenía que cambiar. El verdadero reto consistía en atraer a un número suficiente de clientes potenciales que quisieran comprar propiedades concretas en urbanizaciones concretas a precios concretos. Sin esto, perdería el control y todo quedaría en el limbo.

Cuando era niña, solía entrar en un mundo de fantasía con mi hermano y mi hermana, hojeando el catálogo de mi madre. Y rápidamente decidíamos en qué tipo de casa nos gustaría vivir. A partir de esta extraña lógica, desarrollé una técnica de cierre, que bauticé como el cierre del "abogado del diablo".

Cada vez que se suscitaba el interés de un cliente potencial, se creaba un escenario hipotético, precedido de un "Probemos un poco al diablo". Entonces se deducía: "Si tuviera que invertir, ¿lo haría en este inmueble?". Una vez llegados a este punto, pudimos mantener muchas más conversaciones sobre el mundo real. , presentar información real y vincular regularmente el interés por el concepto con compras reales.

¿Hacer preguntas hipotéticas puede ayudarle a obtener la información que necesita para vender más?

8

Proteger su inversión

Ampliar su base de clientes, recibir más pedidos y ganar negocios a la competencia es sólo una parte del trabajo. Y se trata de adoptar una visión a largo plazo y contar con el plan de mantenimiento adecuado para todo aquello en lo que inviertas.

Considere a sus clientes, embajadores y clientes potenciales como cajeros automáticos y, si los cuida correctamente, podrá imprimir todo el dinero que necesite, cuando lo necesite. Proteja su inversión utilizando las herramientas adecuadas para servir a su comunidad y demostrarles que se preocupa por ellos. Centrarse únicamente en nuevos clientes le hace vulnerable y dificulta el crecimiento a largo plazo. Esto se debe a que empiezas a perder clientes en cuanto los creas. Y volviendo a las relaciones y las citas, los clientes necesitan atención continua y sentir que te preocupas por ellos, así que mantén la conexión con puntos de contacto regulares. Así que asegúrese de mantener a sus clientes conectados con puntos de contacto regulares.

Las grandes empresas pueden reunir grandes equipos para la gestión de cuentas y la retención de clientes. En el mundo actual, los canales de comunicación son abundantes, e incluso con recursos limitados, las herramientas adecuadas en los lugares adecuados pueden ayudar a mantener el compromiso de los clientes.

Este capítulo no es ni mucho menos exhaustivo, pero se centrará en algunas de las herramientas de gestión de cuentas que proporciono a mis clientes y que son esenciales para crear y gestionar una comunidad de contactos y animarles a comparar precios de forma continuada. Muchas de estas herramientas evolucionan y cambian constantemente, por lo que hay mucho donde elegir. Recuerde que éste es un libro de técnicas de venta, no una guía de marketing. Para aprovechar al máximo el potencial de estos canales de comunicación, puede que también desee considerar otros recursos especializados.

Sin embargo, fíjese en los principios que subyacen a cada uno de los canales mencionados y en cómo pueden ayudarle a aumentar el éxito de sus ventas.

base de datos

No cabe duda de que una buena base de datos es el eje de todo buen proceso de gestión de cuentas. La base de datos debe contener todos los datos de contacto pertinentes de todos los clientes, proveedores y clientes potenciales. También debe mostrar el valor financiero pasado y el valor futuro de la empresa. A continuación, debe mantener un registro biográfico actualizado de cada persona en la base de datos para que otros puedan entender su relación y almacenar datos útiles. Cada registro debe contener una cronología de los contactos y la correspondencia para que siempre se recuerde información importante. Además, la posibilidad de establecer planes de futuro y recordatorios evita la necesidad de tener una memoria perfecta.

Hace una década, los sistemas que proporcionaban este servicio requerían una inversión significativa, y las PYME dependían de hojas de cálculo, agendas y archivos de clientes. Sin embargo, los avances tecnológicos permiten ahora acceder a programas informáticos que proporcionan este marco sin mayores gastos. Escriba "sistema CRM para empresas" en un buscador y encontrará un número sorprendente de opciones.

sin cita previa

Pasar tiempo cara a cara con sus contactos más importantes puede ser una forma eficaz de recordar a los clientes que compren con usted. Esto puede lograrse mediante reuniones cara a cara cuando se encuentre en su zona. Cada vez que se reúna con un cliente potencial, a veces sin avisar, a veces con poca antelación o en una reunión programada, tiene la posibilidad de influir en la venta. Cuando se reúne con clientes existentes, es una oportunidad para estrechar aún más la relación y descubrir nuevas áreas en las que podéis ayudaros mutuamente. Cuando te reúnes con un socio comercial, también es una oportunidad para compartir datos de contacto y oportunidades para seguir desarrollando el negocio. Planifique futuros puntos de encuentro con clientes y clientes potenciales y establezca unas expectativas mínimas para cada contacto. Una de las principales razones para abandonar a un socio comercial es no sentirse apreciado. Las reuniones cara a cara son una forma estupenda de demostrar que te importan. Además, manténgase en contacto con ellos en referencia a futuros planes de viaje y póngase en contacto con ellos cuando sepa que se encuentra en la zona.

Sobre el teléfono.

Ya se ha demostrado que llamar por teléfono es un catalizador para que las cosas sucedan. No olvide tampoco a sus clientes actuales y llámeles con regularidad para hablar de los progresos y los planes futuros. Es una oportunidad para comprobar su satisfacción con el trabajo realizado hasta la fecha y conocer sus planes y lo que puede hacer por ellos. Las llamadas telefónicas periódicas pueden ser sin previo aviso o programadas. El contacto regular con los principales socios comerciales garantiza que usted esté siempre en conversación y que le vean como una parte importante del equipo. Piense en lo fácil que es perder el tiempo cuando viaja por negocios o está de viaje. Prepare una lista de llamadas que pueda convertir un periodo de baja rentabilidad en una actividad de ventas de alta rentabilidad al entrar en contacto con su base de clientes y crear nuevas oportunidades.

Boletín de noticias.

El envío periódico de boletines impresos a los clientes existentes es una excelente forma de mantener a los clientes y el negocio con usted, puede asegurarle que está en el top of mind y es probable que tenga una tasa de entrega mucho mayor que la correspondencia electrónica. La pregunta de con qué frecuencia publicar un boletín sigue sin respuesta. En mi opinión, la frecuencia debe ser constante y se debe escribir siempre que se tenga algo que decir. Como publicación impresa, debe ser fácil de leer y rica en imágenes. Debe ser un entretenimiento ligero, teniendo en cuenta que se lee como un descanso de la vida cotidiana. Los envíos físicos son cada vez menos habituales, por lo que entregar algo de valor a los clientes de esta manera es una buena forma de compartir información y marcar la ocasión.

Boletines electrónicos.

La mayor diferencia entre un boletín electrónico y un boletín en papel (.) es que cuando se envía un boletín, muy pocas personas lo leen, y mucho menos lo abren. Por lo tanto, asegúrese de enviar sus boletines electrónicos a la misma hora cada trimestre para que la gente espere recibirlos. Aporte valor para ellos y proporcione únicamente información que les resulte útil. .Las bandejas de entrada están llenas de correos electrónicos de baja calidad (.), por lo que necesitas algo razonable para filtrar el ruido. El boletín electrónico. es el "guante de caza" para todos tus contactos, todas las personas con las que has tenido contacto y a las que has permitido seguir en contacto contigo. Es la única pieza que puede entregar a todas las personas con las que ha tenido contacto y a las que ha permitido mantenerse en contacto con usted.

Trátalos como tales y haz de ellos algo con lo que puedas comprometerte y de lo que puedas sentirte orgulloso.

blog

Es una gran herramienta para posicionarse como experto dentro de su sector. Lo ideal es que un blog esté vinculado a su sitio web, lo que le permitirá publicar regularmente sus pensamientos, ideas y opiniones, haciéndolo interesante para aquellos con los que se comunica. Tener un blog le permitirá compartir información excelente, facilitar que su mercado objetivo le encuentre y compartirla con sus clientes actuales. Enlazar artículos en su boletín de noticias puede aumentar el tráfico a su sitio web.

El contenido de un blog debe empezar por examinar las preguntas más frecuentes en su sector y redactar respuestas bien escritas a las mismas. Estas piezas de contenido pueden ser compartidas por usted y otros cuando sea necesario, actuando como un recurso para su eficiencia y añadiendo credibilidad a su asesoramiento a clientes potenciales y existentes.

Presencia en Facebook.

Facebook es ahora la mayor comunidad en línea del mundo y atrae la atención de los consumidores de habla inglesa en la mayoría de los mercados.

Las páginas pueden ser una herramienta para crear credibilidad y comunicarse con los fans, mientras que los grupos de Facebook pueden ser una forma eficaz de mantenerse conectado con clientes que comparten la misma experiencia. Los perfiles personales sólo deben ser personales. Además, aprovecha el tiempo creando grupos de apoyo para productos clave.

Una de las mayores frustraciones a las que me enfrento en una plataforma como Facebook es el panorama en constante cambio de las estrategias que funcionan. Hay que entender que lo que funciona hoy puede no funcionar tan bien mañana, y esto siempre es así. Para crear un estándar de rendimiento mínimo para la publicación y la participación, puedes probar y experimentar con sus opciones de publicidad de pago y otras estrategias para ser más específico en la segmentación y los mensajes. A medida que experimente, pruebe lo que funciona y asegúrese de que sólo invierte su energía y recursos en lo que le está dando resultados.

Cuenta Twitter

Imagina Twitter como la estación de tren más concurrida en hora punta . Las conversaciones se suceden por todas partes, no sabes qué decir ni a quién escuchar, pero sin duda habrá conversaciones interesantes.

Twitter es muy útil para escuchar a los demás y participar en conversaciones en lugar de intentar decir algo profundo tú mismo. Siga a todos sus clientes clave y preste atención a sus publicaciones. Retuitea sus publicaciones y participa en sus debates para que sepan de tu presencia.

Educar a los clientes sobre cómo utilizar el símbolo # al agrupar información puede ser una forma eficaz y sencilla de comunicarse en grupo. Seguiremos las conversaciones sobre esta publicación con #exactlyhowtosell, así que búsquela en Twitter.

Cuenta LinkedIn

Conectar con todos tus clientes existentes en LinkedIn ofrece importantes ventajas. En primer lugar, puedes aprender mucho sobre ellos a partir de sus perfiles personales detallados, además de obtener una forma de ponerte en contacto con ellos directamente. Los correos electrónicos de linkedIn e. suelen tener una mayor tasa de apertura que los correos electrónicos masivos normales e. , por lo que pueden captar su atención de forma más eficaz. Puede ser una forma estupenda de captar su atención de forma más eficaz. Otra ventaja es que, si tu contacto cambia de trabajo, puedes ponerte en contacto con él a título individual y no a través de la empresa. Así será más fácil volver a contactar con él cuando asuma un nuevo cargo.

Otra herramienta de LinkedIn es la posibilidad de crear grupos. Al crear grupos para tus clientes, también puedes tener una forma más de comunicarte, crear una comunidad para ellos en torno a tu área de especialización y añadir un gran valor como líder dentro de ese espacio.

Página web.

Los sitios web son una gran herramienta para gestionar a sus clientes actuales: cada vez que atrae a alguien a su sitio web, tiene la oportunidad de introducir productos y servicios adicionales. Si ofrece recursos a sus clientes, puede ponerlos a su disposición a través de su sitio web e introducir ofertas y productos adicionales hasta que lleguen a los recursos que buscan. Las redes sociales y las campañas de correo electrónico. pueden dirigir el tráfico de vuelta a su sitio web, y una oferta bien posicionada en. dará resultados. Las campañas también pueden conducir a los clientes existentes a su sitio web.

Recepción.

Las grandes empresas conocen el valor de atraer a los mejores clientes y crear escenarios de hospitalidad de alto nivel. . Atraer a los clientes y demostrar su valor es una forma probada de aumentar su fidelidad. Los lanzamientos de nuevos productos, los eventos estacionales, las celebraciones y los traslados de oficinas pueden servir de excusa para atraer clientes. Los clientes existentes pueden ser invitados como VIP, y los eventos pueden ser aún más exitosos invitándoles a traer amigos que puedan convertirse en futuros clientes. Documente estos eventos con vídeos y fotos, compártalos en medios digitales y anime a los asistentes a hacer lo mismo para obtener el máximo rendimiento de la inversión.

carta

Aquí nos centramos en las cartas que ya envía a sus clientes (extractos, recordatorios, facturas, etc.). Cada una de estas cartas ofrece una oportunidad de venta y todas las comunicaciones salientes pueden transmitir mensajes adicionales además del objetivo principal. Considere el valor añadido que puede obtenerse de todas las listas de correo añadiendo un pequeño mensaje o incluyendo comunicaciones secundarias. Cada comunicación ofrece una oportunidad de venta comercial y depende de usted convertirla en realidad.

Distribución **por correo electrónico.**

e. A diferencia de los boletines informativos, esta pieza está diseñada para provocar una respuesta o acción por parte del lector. e. Las campañas por correo electrónico pueden resultar sorprendentemente eficaces si se siguen unas cuantas reglas sencillas.

- Usted tiene permiso para enviar y el destinatario ha optado por recibir correos electrónicos promocionales suyos en ..
- Su oferta es específica y relevante para el destinatario y no es un planteamiento genérico.

Una vez seleccionados los clientes adecuados, hay que superar una serie de obstáculos.

Barrera nº 1: conseguir que se abra la oferta.

e. Conseguir que se abra un correo electrónico es todo un reto. Depende de una línea de asunto convincente y una dirección de remitente fiable. Como ocurre con los periódicos, cuanto mejor sea el titular, mayor será la tasa de apertura. .Las líneas de asunto deben diseñarse con el objetivo de conseguir que la gente abra los correos electrónicos e. , en lugar de etiquetar el contenido de los mismos.

La forma más eficaz de aumentar las tasas de apertura es a través de la curiosidad y el interés. .Si hace que los destinatarios se interesen por el contenido de sus correos electrónicos, estarán más interesados en abrirlos. Fíjese bien en las líneas de asunto que llegan a su bandeja de entrada e intente dejarse influir por líneas de asunto intrigantes.

Barrera nº 2: conseguir que la gente lea la oferta.

e. Cuando se abre un correo electrónico, el lector decide reflexivamente si lo va a leer. La frase inicial debe atraer al lector y animarle a leer el resto del mensaje. Los subtítulos pueden ayudar a guiar al lector y simplificar la lectura.

Barrera nº 3: conseguir que la gente pase a la acción.

Para que su oferta sea leída, lo más importante es que la llamada a la acción sea clara, destacada y repetida. La llamada a la acción del lector debe ser lo más sencilla posible y plantearse en pasos claros y simples. La confusión en esta fase provocará que no haya acción ni venta.

Repetir la llamada a la acción dos o tres veces puede aumentar significativamente el porcentaje de clics (.). Otra área en la que se pueden repetir las llamadas a la acción es en el epílogo.

Suministro de publicidad directa

El correo directo ha visto disminuir sus beneficios en muchas industrias, pero creo que mientras tengas una casa con buzón, el correo directo estará presente en tu vía de comunicación. A medida que el marketing digital se generaliza, el correo de respuesta directa puede ser la nueva opción. La clave del éxito reside en la ejecución, y la personalización, la creatividad y la autenticidad pueden funcionar en este ámbito.

Basándome en el éxito de las tarjetas escritas a mano, a menudo trabajo con clientes para producir campañas de correo directo de bajo volumen, específicas y muy personalizadas en . . Una prueba reciente que realicé midió el número de consultas utilizando un correo directo de prueba dividida muy simple (.). Se envió una invitación impresa a un evento a 100 clientes existentes del cliente; 50 se enviaron con una carta de presentación genérica y no se recibió ni una sola consulta. Las 50 restantes se enviaron en tarjetas postales (.) con un breve mensaje escrito en ellas y pegadas en un folleto antes de ser enviadas. Como resultado, se recibieron ocho consultas de las 50 invitaciones.

. Piense en cómo puede crear una campaña de publicidad directa de bajo volumen, dirigida y personalizada que tenga un gran impacto en las personas adecuadas y provoque una fuerte acción por parte de sus clientes actuales.

regalo

El regalo de empresa existe desde hace años y el mercado del regalo es una industria enorme. Sin embargo, sigo viendo una y otra vez el fracaso de regalos de empresa bienintencionados que ofrecen poco valor al cliente y un pobre retorno de la inversión. Cuadernos, calendarios, alfombrillas de ratón, soportes para móviles, bolígrafos baratos y bolas antiestrés son regalos que he recibido y que han pasado por mi mesa sin pensármelo dos veces.

Piense en regalos que supongan un valor añadido para usted y que tengan un valor real para sus clientes. Ten en cuenta sus aficiones, estilo de vida e intereses y hazlo personal.

A mí me funciona muy bien regalar los libros que he leído. Si leo un libro que creo que puede ser valioso para alguien de mi red, suelo comprarle un ejemplar y enviárselo con mis felicitaciones.

El objetivo de un regalo es demostrar que la persona te importa y que tiene un valor real para ti.

Empujando hacia atrás.

A todos los directivos y responsables de la toma de decisiones les encanta el reconocimiento. Tanto si se trata de un simple agradecimiento como de un lujoso elogio, cuando se hace con sinceridad, puede ser una forma estupenda de añadir valor para sus clientes. Expresar gratitud es lo mínimo, pero hay muchas formas de ser más atento. Por ejemplo, su cliente puede ganar un premio del sector, aparecer en la prensa o vivir un acontecimiento importante. Cuando esto ocurra, celebre sus logros y póngase en contacto con él. Hágale saber que usted también celebra su éxito enviándole una tarjeta, un recorte de periódico o una nota de agradecimiento.

Haga un seguimiento de las comunicaciones personales y profesionales de los clientes y busque proactivamente oportunidades de reconocer su éxito ..

Certificados y premios

¿Cómo puede demostrar su relación con los clientes? Ya sea una garantía de producto, una prueba de fidelidad, la participación en cursos de formación o eventos, tener el nombre de su cliente en un trozo de papel con su logotipo que pueda enmarcarse y exponerse reforzará el valor que obtienen de usted.

Poner estos artículos en sus manos es una gran oportunidad para
exhibirlos, recordarles el valor que usted ofrece y hacer que hablen de
usted, aunque usted no esté presente.

mensaje de texto

Es el único medio de comunicación que casi con toda seguridad será
abierto y leído. La gente consulta el móvil en medio de una
conversación, así que el mundo puede detenerse por un mensaje de
texto. Los mensajes de texto deben utilizarse como recordatorios
oportunos de acciones sencillas. Uno de los mejores usos que he visto
es el de un minorista de comida rápida que envía mensajes de texto
con su última oferta a clientes anteriores un viernes por la tarde.
Piense en cómo se pueden utilizar los mensajes de texto para
recordarles una oferta que ha caducado, presentarles una invitación a
un evento o simplemente reconocer un acontecimiento importante en
su mundo.

Todos escuchan las mismas emisoras.

Una parte importante de la comunicación con los clientes es entender
que sólo escuchan una frecuencia. La emisora que escuchan se llama
Wii FM, que significa "¿Qué hay para mí?". Cada vez que hables,
tienes que ponerte en el lugar del cliente y preguntarle "¿y qué?".
tienes que preguntarte. Al hacerlo, toda tu comunicación será
provechosa y pensando en los intereses del destinatario.

La intención es lo que cuenta

Si echamos la vista atrás, probablemente podamos contar con los
dedos de una mano las veces que nos hemos sentido impresionados
por el reconocimiento, los elogios o las recompensas.

Por último, considere la posibilidad de reconocer a quienes son
valiosos para usted y su empresa.. En una sociedad tan acelerada como
la actual, dedicar tiempo a reconocer los esfuerzos que van más allá

del cumplimiento del deber dará a su empresa una ventaja y le distinguirá de las demás. Ya sea recompensando a su equipo por la excelencia, mostrando aprecio a los clientes valiosos, celebrando el éxito con los socios o mostrando aprecio a los clientes potenciales, el éxito en las ventas es una amplificación de las relaciones que ha construido. La verdadera atención siempre está de moda.

Las recompensas económicas pueden ser un incentivo, pero rara vez son la mejor opción y pueden resultar enormemente costosas con el tiempo. Seguro que ha oído alguna vez el dicho "la intención es lo que cuenta", y en el mundo de los negocios ésta puede ser una gran oportunidad para brillar. Elogie de todo corazón a sus empleados cuando consigan resultados, dé las gracias a sus clientes siempre que pueda, haga saber a sus socios que sus esfuerzos son apreciados y haga todo lo posible por ir un paso más allá.

y utiliza la herramienta adecuada para decir "gracias". e. En una época en la que abundan los correos electrónicos y el mundo se vuelve móvil, es importante volver a lo básico cuando se trata de hacerse notar. Por eso es importante enviar una tarjeta o carta manuscrita para mostrar tu agradecimiento, aunque sea algo tan trivial como esto: "Gracias". Creo que es posible hacer negocio enviando tarjetas a clientes y posibles clientes. La sinceridad del mensaje es importante. . En estos casos, es importante decir: 'Por supuesto'. Escrita a mano y con pulcritud.

Si quiere resultados diferentes y que le perciban como diferente de sus competidores, empiece a actuar de forma diferente.